KB198615

조선 후기
출세의 사다리에
오르려는 이들

조선 후기 출세의 사다리에 오르려는 이들

초판 1쇄 인쇄 2024년 11월 18일
초판 1쇄 발행 2024년 12월 2일

–

기 획 한국국학진흥원
지은이 원창애
펴낸이 이방원
책임편집 정조연 **책임디자인** 손경화
마케팅 최성수 · 김 준 **경영지원** 이병은

–

펴낸곳 세창출판사
신고번호 제1990-000013호 **주소** 03736 서울특별시 서대문구 경기대로 58 경기빌딩 602호
전화 02-723-8660 **팩스** 02-720-4579 **이메일** edit@sechangpub.co.kr **홈페이지** http://www.sechangpub.co.kr
블로그 blog.naver.com/scpc1992 **페이스북** fb.me/Sechangofficial **인스타그램** @sechang_official

–

ISBN 979-11-6684-364-8 94910
979-11-6684-164-4 (세트)

한국국학진흥원 전통생활사총서 21

조선 후기 출세의 사다리에 오르려는 이들

원창애 지음
한국국학진흥원 기획

세창출판사

책머리에

한국국학진흥원에서는 2022년부터 문화체육관광부의 지원으로 전통생활사총서 사업을 기획하였다. 매년 생활사 전문 연구진 20명을 섭외하여 총서를 간행하기로 했다. 지난해에 20종의 총서를 처음으로 선보였다. 전통시대의 생활문화를 대중에 널리 알리기 위한 여정은 계속되어 올해도 20권의 총서를 발간하였다.

한국국학진흥원은 국내에서 가장 많은 약 65만 점에 이르는 민간기록물을 소장하고 있는 기관이다. 대표적인 민간기록물로 일기와 고문서가 있다. 일기는 당시 사람들의 일상을 세밀하게 이해할 수 있는 생활사의 핵심 자료이고, 고문서는 당시 사람들의 경제 활동이나 공동체 운영 등 사회경제상을 이해할 수 있는 자료이다.

한국의 역사는 '조선왕조실록'이나 '승정원일기'와 같이 세계적으로 자랑할 만한 국가기록물의 존재로 인해 중앙을 중심으로 이해되어 왔다. 반면 민간의 일상생활에 대한 이해나 연구는 관심을 덜 받았다. 다행히 한국국학진흥원은 일찍부터 민간에 소장되어 소실 위기에 처한 자료들을 수집하고 보존처리를 통해 관리해 왔다. 또한 이들 자료를 번역하고 연구하여 대중에 공개했다. 이러한 민간기록물을 활용하고 일반에 기여할 수 있는 방법으로 '전통시대 생활상'을 대중서로 집필하여 생생하게 재현하여 전달하고자 했다. 일반인이 쉽게 읽을 수 있는 교양학술총서를 간행한 이유이다.

총서 간행을 위해 일찍부터 생활사의 세부 주제를 발굴하는 전문가 자문회의를 개최하고, 전통시대 한국의 생활문화를 가장 잘 구현할 수 있는 핵심 키워드를 선정하였다. 전통생활사 분류는 인간의 생활을 규정하는 기본 분류인 정치, 경제, 사회, 문화로 지정하였다. 이를 기반으로 매년 각 분야에서 핵심적인 키워드를 선정하여 집필 주제를 정했다. 이번 총서의 키워드는 정치는 '과거 준비와 풍광', 경제는 '국가경제와 민생', 사회는 '소외된 사람들의 삶', 문화는 '교육과 전승'이다.

각 분야마다 5명의 집필진을 해당 어젠다의 전공자로 구성하였다. 어디서나 간단히 들고 다니며 쉽게 읽을 수 있도록 최대한 이야기체 형식으로 서술해 달라고 부탁하였다. 다양한 사례의 풍부한 제시와 전문연구자의 시각이 담겨 있어 전문성도 담보할 수 있는 것이 본 총서의 매력이다.

전문적인 서술로 대중을 만족시키기는 매우 어렵다. 원고

의뢰 이후 5월과 8월에는 각 분야의 전공자를 토론자로 초청하여 2차례의 포럼을 진행하였다. 11월에는 완성된 초고를 바탕으로 1박 2일에 걸친 대규모 학술대회를 개최하였다. 포럼과 학술대회를 바탕으로 원고의 방향과 내용을 점검하는 시간을 가졌다. 원고 수합 이후에는 각 책마다 전문가 3인의 심사의견을 받았다. 2024년에는 출판사를 선정하여 수차례의 교정과 교열을 진행했다. 책이 나오기까지 꼬박 2년의 기간이었다. 짧다면 짧은 기간이다. 그러나 2년의 응축된 시간 동안 꾸준히 검토과정을 거쳤고, 토론과 교정을 통해 원고의 완성도를 높이기 위해 분주히 노력했다.

전통생활사총서는 국내에서 간행하는 생활사총서로는 가장 방대한 규모이다. 국내에서 전통생활사를 연구하는 학자 대부분을 포함하였다. 2023년도 한 해의 관계자만 연인원 132명에 달하는 명실공히 국내 최대 규모의 생활사 프로젝트이다.

1990년대 이후 폭발적으로 증가했던 일상생활사와 미시사 연구에 대한 학계의 관심이 근래에는 소홀해진 상황이다. 본 총서의 발간이 생활사 연구에 활력을 불어넣는 계기가 되기를 기대한다. 연구의 활성화는 연구자의 양적 증가로 이어지고, 연구의 질적 향상 또한 이끌 것이다. 그렇게 된다면 전통문화에 대한 대중들의 관심 역시 증가할 것으로 기대한다.

본 총서는 한국국학진흥원의 연구 역량을 집적하고 이를 대중에게 소개하기 위해 기획된 대표적인 사업의 하나이다. 참여한 연구자의 대다수가 전통시대 전공자이며 앞으로 수년간 지속적인 간행을 준비하고 있다. 올해에도 20명의 새로운 집필자가 각 어젠다를 중심으로 집필에 들어갔고, 내년에 또 20권의 책이 간행될 예정이다. 앞으로 계획된 총서만 100권에 달하며, 여건이 허락되는 한 지속할 예정이다.

대규모 생활사총서 사업을 지원해 준 문화체육관광부에 감사하며, 본 기획이 가능하게 된 것은 한국국학진흥원에 자료를 기탁해 준 분들 덕분이다. 다시 감사드린다. 아울러 총서 간행에 참여한 집필자, 토론자, 자문위원 등 연구자분들께도 감사 인사를 전한다. 책의 편집을 책임진 세창출판사에도 감사드린다. 이 모든 과정은 한국국학진흥원 여러 구성원의 노력이 있었기에 가능했다.

2024년 11월

한국국학진흥원 인문융합본부

차례

들어가는 말: 출세의 사다리, 과거

현대 사회에는 매우 다양한 직업군이 있다. 사회가 발전함에 따라 시대의 유행도 달라지고 선호하는 직업군도 변화된다. 한때는 법조계 직종이 최우선이 되기도 했고, 산업화가 가속되면서부터는 각종 전문 기술 직종이 각광을 받기도 하였다. 취직이 쉽지 않은 시기에는 취직 걱정이 없다며 의약계 직종을 선호하기도 하였다. 최근에는 인기 직종의 폭이 더욱 넓어져서, 각종 스포츠와 문화계로 진출하기 위해 노력하기도 한다.

조선은 전근대적 신분제 사회였기에 직업을 선택할 여지가 없었다. 자신의 이름을 알리고 가문에 보탬이 되려면 단연코 관료가 되어야 했다. 관료가 되는 길로는 음서蔭敍와 과거科擧가 있었다. 그리고 음서에는 조부나 부친의 음덕으로 관직에 나가는 문음文蔭과 천거薦擧가 있었다. 성종 때에 반포된 『경국대전』 「이전吏典·음자제蔭子弟」 조에 따르면, 문음은 조부나 부친이 나라에 공을 세운 공신功臣, 현직 3품 당상관 관원, 전직 이조·병조·도총부·사헌부·사간원·홍문관·부장·선전관 관원인 경우에 해당했다. 천거는 고위 관료가 추천한 사람을 모아 시험을 치러 관료가 되는 것이었다. 천거에는 동·서반 3품 이상 관료가 3년에 1번 3명씩 천거하는 보거保擧, 유일遺逸 천거, 효행 천거, 그리고 성균관 공천 등이 있었다.

반면 과거는 관원을 선발하는 시험이다. 생원진사시는 성균관의 입학 자격이 주어지는 것으로, 시험에 입격한 생원과 진사는 관직에 나갈 예비 관료군이었다. 직접적으로 관료가 되는 시험은 문과와 무과였는데, 문치주의 국가인 조선에서는 문과가 과거의 꽃이었다. 문과에 급제한 관원을 특별히 '문관'이라 하며, 반드시 문관이 담당해야 하는 관직이 법전에 규정되어 있었다. 이들은 청요직을 담당하는 조정의 핵심 엘리트 관원이었으므로, 음서로 이미 관계官界에 진출했더라도 다시금 문과에 응시하기도 했다. 실제로 조선시대 문과 급제자의 약 29.2%는 관직자였다.

『경국대전』에 따르면, 양인良人은 누구나 과거에 응시할 수 있었다. 단 「예전禮典·제과諸科」 조에 따르면, 경제 범죄를 저지른 관원의 아들, 재가再嫁나 실행失行한 부녀자의 자손, 서얼과 그 자손은 과거에 응시할 수 없었다. 과거 응시가 금지된 부류 중에서 서얼과 그 자손에 대한 규제는 명종 때부터 과거 응시를 허락하자는 논의가 시작되면서 점차 규제가 완화되기 시작하였다. 1708년(숙종 34) 서얼의 자손은 시험 당시 신분을 '유학幼學'

이라고 기재하게 함으로써 모든 규제가 완전히 철폐되었다. 다만 서얼 당사자에게만 시험 당시 신분을 '업유'나 '업무'로 기재하게 함으로써 서얼 차별의 근거를 남겼다.[1]

법적으로는 과거 응시가 금지된 이들을 제외한 양인은 누구나 과거에 응시할 수 있다고 했지만, 현실적으로 과거는 누구나 응시할 수 있을 만큼 간단한 시험이 아니었다. 과거에 응시할 정도의 학업을 성취해야 했고, 합격할 때까지 시험 응시에 필요한 비용 등이 뒷받침될 때 가능한 일이었다. 16세기 후반 문과에 급제하여 17세기 초까지 관료 생활을 했던 홍이상洪履祥의 사례를 살펴보자.

그는 1573년(선조 6) 생원시에 입격, 1579년(선조 12) 식년 문과에 장원 급제하고 관직에 진출하여 대사헌에 이르렀다. 홍이상은 경기도 고양현高陽縣 귀이동에서 태어나 그곳에서 유년 시절을 보냈다. 홍이상의 선대는 고려시대에 여러 대를 거쳐 문관 관료를 지냈으나, 고려가 멸망하면서 그의 5대조는 관직을 버리고 경기도 고양현에 정착하였다. 조선 건국 후에는 주로 서반직 진출이 잦았는데, 부친인 홍수洪脩 역시 종5품 부사직까지 역임하였다.[2] 그는 7세 때 당시 모친상을 당해 고양현에 내려와 있던 홍문관 저작 이식李拭에게 『소학』을 배웠다. 그리고 역사서인 『사략』, 『시경』·『서경』의 대문, 사서四書를 익힌 뒤, 12세 때부터는 서울로 올라가 유학하였다. 서울에서 사학四學과 성균관에서 수학하던 홍이상은 20세에 민순閔純에게서 성리서와 사서를 배웠다. 그 결과 24세 때 생원시에 입격하고, 30세에 식년 문과에서 장원 급제한 것이다.[3]

유년 시절 글공부는 대개 집안 어른에게 배우기 마련이다. 지방에서 유년 시절을 보냈던 홍이상이 문과에 급제하여 임금의 시종신인 홍문관 관원으로 있던 좋은 스승에게서 『소학』을 배울 수 있었던 것은 자녀 교육에 열의가 있는 부모 덕분이었다. 지방에서 좋은 스승을 모시기는 쉽지 않았으므로, 고향에 상을 치르러 왔다거나, 관직에서 물러난 관원에게 자녀를 부탁하는 경우가 종종 있었다. 서울에서 관직 생활을 하던 정경세鄭經世도 고향인 상주로 낙향한 관원에게 맏아들 정심鄭杺의 교육을 부탁하기도 하였다.

홍이상은 그의 부친이 관직에 있었기에 12세 이후 서울에 올라가 유학할 때 지낼 곳을 마련하는 데 큰 어려움이 없었을 것이다. 어려서부터 좋은 스승에게 글을 배우고, 10대 때부터 서울에 유학하면서 과업科業(과거에 필요한 시험공부)에 전념할 수 있는 교육 환경을 가질 수 있었던 것은 그가 다른 이들보다 조금 일찍 문과에 급제하는 데 보탬이 되었을 것이다.[4]

많은 시간을 할애해야 하는 '과업'이란 무엇일까? 과업은 경학과 제술로 구분되는데, 택당 이식李植이 자손들을 위해서 제시한 독서 목록은 과업을 이해하는 데 좋은 예시가 될 수 있다. 이식은 경학의 기본 학습 교재를 필독해야 할 서책과 선택적 서책으로 구분하여 정리하였다. 필독해야 할 서책으로는 『대학』·『논어』·『맹자』·『중용』 등의 사서, 오경 중 『시경』과 『서경』, 『자치통감강목』·『송감宋鑑』 등의 역사서가 있다. 선택적 서책은 개인이 취사선택할 수 있는 것으로, 『주역』, 『춘추좌씨전』, 『춘추호씨전』, 『춘추공양전』, 『춘추곡량전』, 『예기』, 『의례』, 『주례』 등이다. 마지막으로 『소학』·『가례』·『근사록』·『성리대전』·『성리군서』·『심경』·『이정전서二程全書』·『주자전서』 등의 성리서는 기본 학습 교재와 구분해서 제시하였다.[5]

그리고 제술 시험을 위해 이식이 제시한 과문科文(문과 시험에서 실시된 문체) 공부는 중국의 문장과 우리나라의 문장을 아우르고 있다. 첫째, 당나라 한유韓愈·유종원柳宗元과 송나라 소식蘇軾 등의 문장, 『문선』, 팔대가문八大家文, 『고문진보』, 『문장궤범』 등의 과문 공부 기본 교재를 일차적으로 제시하였다. 둘째, 반고의 『한서漢書』와 사마천 『사기史記』 같은 역사서 초집, 순자·한비자·양웅 등의 백가서百家書 초집, 『노자』·『장자』·『열자』 등의 노장서를 문장 공부에 활용하도록 제시하였다. 셋째, 사륙문四六文 학습이다. 사륙문은 외교 문서나 임금의 문서에 사용되는 문체로서, 제술 시험 과목인 표문表文와 전문箋文이 여기에 해당된다. 넷째, 우리나라 과문을 공부하게 하였다.[6]

10년 이상 시험공부에만 전념하여 과거에 응시할 수 있는 조건을 갖추는 일은 사족 계층일지라도 쉬운 일이 아니었다. 그러므로 각종 조세와 군역을 담당해야 하는 일반 양인의 경우에는 학교에 적을 두었다고 하더라도 시험공부에 전념하기 쉽지 않았을 것이다. 더욱이 서적 보급이 보편화되지 않았던 시기에 학업에 필요한 다양한 서책들을 구하는 것도 예삿일은 아니었다. 어느 정도 학업이 이루어졌다고 해도 문과에 급제하기까지 계속되는 시험 경비도 만만치 않았다. 특히 지방 거주 응시자라면 시험장에 오가는 경비, 여관에 머무는 경비 등도 큰 부담이었다.

학업에 소요되는 긴 시간과 경제 비용 등을 감당하면서도 문과에 합격해야 할 이유가 있는 이들은 중인이나 상민이 아니라 사족 계층이었다. 중인이나 상민에게는 과거가 신분 상승의 기회였지만, 사족에게는 자신과 가문의 사회적 지위를 유지시킬 방법이었으므로 더욱 절실하였다. 사족은 증조부·조부·부친, 그리고 외조부 등 4대 이내에 6품 이상의 관직을 역임한 사람이 있거나, 부친이 문과에 급제하였거나, 본인이 생원진사시에 입격해야 지배층으로 인정받을 수 있었다. 따라서 사족에게 있어서 과거 응시는 선택이 아니라 필수였다. 과거 합격 여부는 사족 개개인의 문제가 아니라, 그 가문의 지위와 직결되었다. 특히나 문과에 급제하여 관료가 되면, 신분을 유지하는 것은 말할 것도 없고 가문을 현달하게 할 수 있었기에, 문과 급제를 더욱 열망하였다.

문과는 1393년(태조 2)부터 1894년(고종 31)까지 502년 동안 804회가 시행되어 15,151명이 급제하였다. 문과는 3년에 한번씩 정기적으로 치르는 식년시와 비정기시로 구분된다. 502년 동안 식년시는 162회가 시행되어 5,997명(39.6%)이 선발되었고, 각종 비정기시는 642회가 시행되어 9,154명(60.4%)이 선발되었다.

조선시대의 문과 시행 양상을 보면, 후기로 갈수록 비정기시 시행 비중이 커져 갔다. 17세기 인조 대 이후 비정기 문과는 642회 중 436회(67.9%)가 시행되어 9,154명 중 6,225명(68%)이 선발되었다. 비정기 문과는 임금의 즉위를 경축하는 증광시, 임금이 문묘에 알현하면서 유생들을 시험하는 알성시, 왕실과 나라에 축하해야 할 일이 있을 때마다 시행되는 각종 별시로, 시행 시기가 정해져 있지 않았다. 비정기 문과는 인재 선발만을 목적으로 한 것이 아니라 위무慰撫의 성격도 띠고 있었다. 조선 후기는 전란, 왕위 계승의 정통성 약화, 당쟁의 격화 등으로 정국의 변화가 많은 시기였기에 비정기 시험이 더욱 잦아졌다. 조정에서는 경서 공부를 소홀히 하고 제술에만 매달리는 유생의 학업 풍조를 쇄신하려 했지만, 시험 횟수를 줄이기는 어려웠다.

17세기 이후로는 비정기 문과가 많이 시행된 것과 함께 유생 과시를 통한 직부제도가 활성화되었다. 직부제는 성균관과 사학 유생의 학업을 격려하고 권장하기 위해서 시행되던 제도로서, 생원진사시 회시 직부, 문과 회시 직부, 문과 전시 직부 등이 있었다. 17세기에는 전란으로 무너진 교육 풍토를 살리고 성균관·사학·지방 유생의 학업을 장려하기 위해 과시들을 활성화하게 되었다. 성균관의 경우에는 절일제(인일제·삼일제·칠일제·구일제), 황감제 등을 위시하여, 18세기에는 춘추도기과·응제 등의 과시가 신설되었다. 사학의 경우에는 승보시·사학합제, 지방에는 공도회가 시행되어 과시로 인한 직부가 늘어나게 되었다. 이 외에도 과거에 응시하였다가 낙방한 유생들을 위로하고 기회를 주기 위한 대륜차·후정시 등도 시행되었다.

17세기 효종·현종·숙종 때를 거치면서 각종 과시는 더욱 체계적이고 정기적으로 시행되었다. 잦은 비정기시와 유생 과시 등으로 유생들은 문과 급제를 위해 다양한 전략을 짤 수 있게 되었다. 17세기 중후반에 자리 잡은 이러한 제도들은 18세기 이후에는 더욱 빛을 발하였다. 문과 시험과 과시를 적절히 조합

하고, 자신에게 유리한 시험을 선택하여, 시험공부 시간을 단축하려는 현상들이 일반화되어 갔다. 조선 후기 유생들은 출세의 사다리에 오르기 위해 자신들에게 적합한 방법을 찾아 과거시험에 도전하였다.

이 책에서는 조선 후기를 살았던 유생들이 출세의 사다리에 오르기 위해 실제 어떻게 시험을 준비하고, 어떠한 시험에 응시하였는지 몇몇 사례를 소개하고자 한다. 소개하고자 하는 이들은 17세기 전반 과거에 응시하였던 경상도 상주 사족 김령과 충청도 덕산 사족 조극선, 17세기 중반 과거에 응시하였던 충청도 홍주 생원 조세환, 18세기 중반 과거에 응시하였던 전라도 흥덕 진사 황윤석 등이다. 이들은 모두 개인 일기를 기록하였는데, 과거 응시 내용이 매우 상세하다. 더욱이 이들은 서로 과거를 치른 시기가 거의 겹치지 않아서 시대가 내려감에 따라 어떻게 과거 응시 경향이 변화되었는지도 볼 수 있다.

1

경상도 상주 사족
계암 김령

김령의 가계

김령金坽(1577-1641)은 자字가 자준子峻, 호는 계암溪巖이며, 본관은 광산이다. 그의 증조부 김효로金孝盧(1454-1534)는 1480년(성종 11) 식년 생원진사시에서 생원 2등 8위로 입격한 성균생원이다.[7] 김효로는 본래 그의 증조부 김무金務 때부터 거주해 온 안동에서 살았다. 그의 조부 김숭지金崇之의 아우인 김효지金孝之는 예안 오천에 사는 황재黃載의 사위가 되면서 거주지를 안동에서 예안 오천으로 옮겼는데, 김효지가 자손이 없이 사망하자 종손從孫인 김효로가 계후繼後가 되어 예안 오천리에 살게 되었다.[8]

김효로는 재령군수를 지낸 이지李持의 딸 양성 이씨와 혼인하여 2남 2녀를 두었다. 장남은 문과에 급제하여 강원도 관찰사를 지낸 김연金緣(1487-1544)이며, 차남은 김령의 조부인 김유金綏(1491-1555)이다. 그는 1525년(중종 20) 식년 생원진사시에서 생원 2등 24위로 입격한 생원이었다. 장녀는 용궁현감 김우金雨와 혼인하였으며, 차녀는 훈도 금재琴梓와 혼인하였다.[9]

김령의 조부 김유는 어려서부터 같은 동리의 김만균金萬勻에게 가르침을 받았다. 김만균은 문절공 김담金淡의 아들로 단성현감을 역임하였는데, 김유의 종고모부가 된다.[10] 김만균은 김유를 어려서부터 사랑하여 데려다 양육하고 가르쳤다. 김유는 생원이 된 이후에 무예에 정진하여 주변 사람들이 무과 응시를 권하기도 하였으나 응하지 않았다. 그는 진사 김수홍金粹洪의 딸 순천 김씨와 혼인하여 3남을 두었다. 장남은 무과에 급제하여 선전관을 거쳐 해주판관을 역임한 김부인金富仁(1512-1584)이고, 차남은 1558년(명종 13) 식년 생원진사시에서 생원 3등 24위로 입격하여 생원이 된 김부신金富信(1523-1566)이며, 삼남은 김령의 부친이자 1555년(명종 10) 식년 생원진사시에서 생원 2등 7위로 입격하여 생원이 된 김부륜金富倫(1531-1598)이다.[11]

퇴계退溪 이황李滉의 제자인 김부륜은 생원이 된 이후 1572년(선조 5) 경상도에서 유일로 천거하여 집경전 참봉에 제수되었으나 나가지 않았다. 이후 1576년(선조 9) 전생서 참봉에 제수되

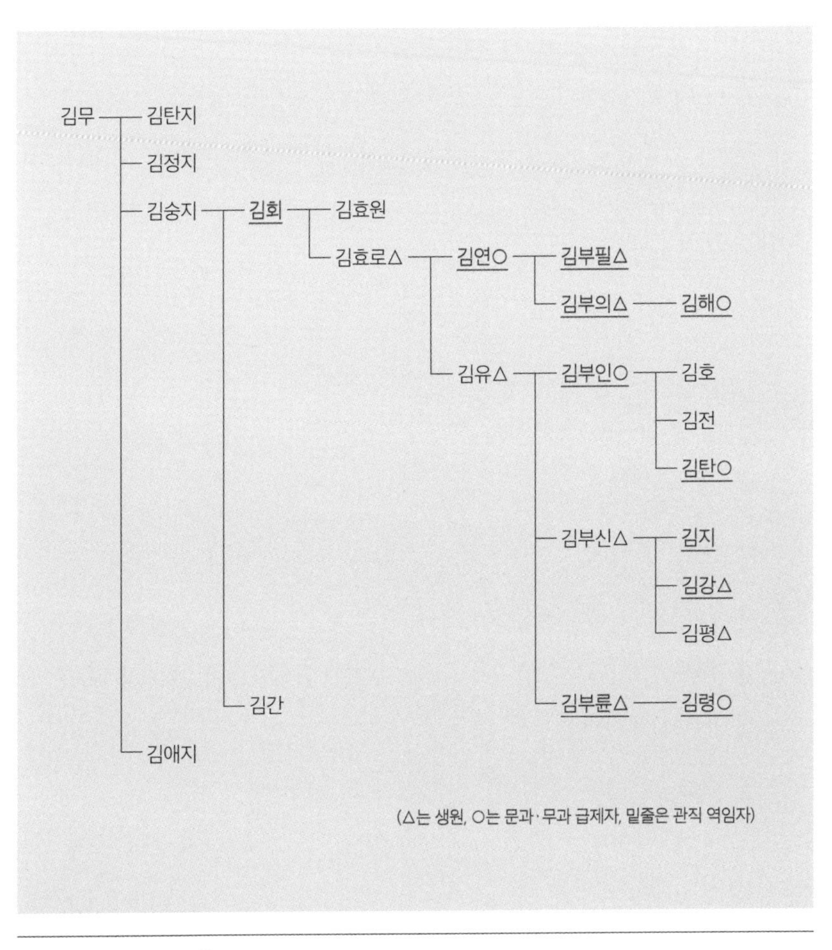

그림 1 김령의 가계도[12]

었다. 1580년(선조 13)에는 문소전 참봉에 제수되었다가 곧 돈녕부 봉사로 옮겨져서 중종의 묘역인 정릉靖陵의 석역石役을 관장하여 선조에게 말을 하사받았다. 그후 제용감 직장, 내섬시 주부를 거쳐, 1585년(선조 18) 동복현감에 제수되어 향교 교육에 힘썼다. 임진왜란 때에는 가산을 내어 향병鄕兵을 도왔고, 수령이 도망간 봉화의 가현감假縣監으로서 현성縣城을 지켰다. 그 이듬해 선조가 그의 성과를 듣고 특명을 내려 현감에 제수되었으나, 1년 후에 사직하고 고향으로 돌아왔다.[13] 김부륜은 감찰 박순朴純의 딸인 밀양 박씨와 혼인하였는데, 자녀가 없었다. 이에 그는 부호군 신수민申壽民의 딸인 평산 신씨와 재혼하여 김령과 그의 누이들을 두었다.

김령의 선대는 문과·무과 급제자, 생원진사시 입격자가 거의 끊임없이 배출되었고, 그에 따른 관직 진출도 활발하였다. 또한 경제적으로도 상당히 부를 축적하였다. 그의 선대의 경제적인 상황을 보면, 그의 증조부 김효로는 김효지의 계후가 되어 오천의 토지를 상속받았고, 생부모와 처부모에게도 재산을 상속받았다. 재산은 크게 전답과 노비로 구분된다. 전답을 보면, 그는 계후가 되어 상속받은 오천의 전답을 바탕으로 다른 지역의 상속분 전답을 매매나 상환하여 예안의 전답을 집중적으로 집적해 갔다. 그가 자녀들에게 상속한 전답은 20여 곳의 488두락으로 약 5결 정도가 된다. 노비의 경우 김효로가 상속받은 것은 41구口였으나, 자녀들에게 상속한 것은 190구에 이르렀다.[14]

1550년(명종 5) 김효로의 처 이씨의 상기를 마친 후 작성된 화회문기를 보면, 김효로의 차남이자 김령의 조부인 김유가 상속받은 전답은 7곳의 논 39두락, 작개 논 7두락, 밭 30두락으로 합계 76두락이다. 상속받은 노비는 부친 쪽에서 22구, 모친 쪽에서 29구로 총 51구였다. 이 외에 1566년(명종 21)에는 김연 남매가 1550년 화회문기를 작성할 당시에 함경도의 노비 수를 파악하지 못해 미루어 두었던 비를 추가로 분재하였다. 이때 김유의 몫은 6구였다.[15] 김유가 상속받은 전답과 노비만으로도 그가 부유하였음을 알 수 있다. 그리고 김유의 처가 상속 내용이 확

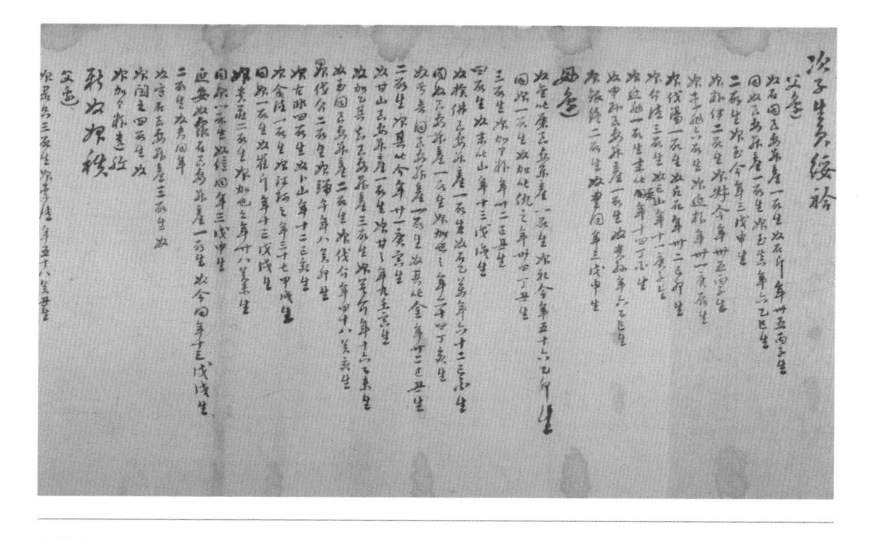

그림 2 「1550년 김연 남매 화회문기」 중 김유의 상속 부분, 안동 오천 광산 김씨 후조당 기탁, 한국국학진흥원 제공

인되지 않으며, 그의 경제 활동도 상세하지 않아 재산의 규모를 명확히 파악할 수는 없지만, 이황이 지은 김유의 묘지명에 의하면, 김유는 종고모부의 재산까지 상속하여 재산이 고을에서 내로라할 정도였다고 하였으므로, 그의 재산이 상당하였을 것이라고 추측할 뿐이다.

김령의 부친인 김부륜과 김령 때의 경제 상황을 파악할 만한 자료는 아직 확인되지 않았다. 다만 김부륜은 동복현감으로 있을 당시 사재를 내어 향교에 책을 구비하였으며, 임진왜란 당시에도 사재를 내어 향병을 도왔다고 하니, 집안이 여전히 넉넉하였음을 알 수 있다.

김령의 시험공부

김령은 1577년(선조 10) 부친 김부륜이 전생서 참봉으로 있을 당시에 서울 주자동에서 태어났다(『계암일록』 1603년 8월 10일). 그는 부친 김부륜의 나이 47세 때에 얻은 귀한 아들이었다. 김부륜은 이황 선생 문하에서 배운 것을 그의 아들에게 경계하고 가르쳤다. 그는 1585년 동복현감으로 부임하면서 아들을 데려갔는데, 마침 동복에 와 있던 귀암龜巖 이정李楨의 손자 이곤섭李鯤

夔에게 『소학』을 가르치게 하였다. 그때 김령의 나이는 9세였다. 3년간 동복에서 지냈던 김령은 부친보다 일찍 고향으로 돌아왔다. 그후 김령은 이황의 제자인 사촌형 김기金圻(1547-1603)에게 수학하고, 지례산 아래에서 여묘살이를 하던 6촌형 김해金垓(1555-1593)를 찾아가 독서를 하였다. 그리고 15세에는 도산서원에 들어가 수학하기 시작하였다.[16]

도산서원의 교육 방법은 독서와 강학이다. 이황이 정한 독서 순서는 『소학』, 『대학』, 『심경』, 『논어』, 『맹자』, 『주자서』 순으로 강학하고, 그다음에 다른 경전을 공부한다는 것이었다. 이황은 사서나 『근사록』보다도 『심경』을 우선시하였는데, 도학道學에 입문하도록 인도한다고 여겼기 때문이다. 도산서원의 교육과정은 이황 학문의 심학적 특징과 '경敬'의 공부론이 반영되었다.[17] 도산서원에서는 거접居接에 대해서는 부정적이었는데, 거접이란 산사나 향교 등지에 유생들이 모여서 시詩·부賦·의疑·의義·책策 등의 문체를 연습하는 것이다. 이황은 서원은 도학을 연구하여 밝히는 곳이므로 관학의 교육 목표와 과정과는 달라야 한다고 강조하였다.[18]

김령은 이황의 제자인 부친과 종형들에게서 수학하고, 도산서원에서 독서하였으므로, 경학, 특히 심학에 치중하였다. 그의 일기에 그가 과거 응시를 위해 거접한 기록은 없다. 친구들과 모인 자리에서 시를 짓는다거나 편지와 함께 시를 적어 보내는 일은 가끔 있었으나, 과문 공부를 위한 모임에 참여하지는 않았다(『계암일록』 1606년 6월 11일, 20일). 그의 일기에 남아 있는 문장 공부 기록은 매우 단편적이다. 1606년(선조 39) 11월, 영천의 전태지全泰之가 송나라의 나대경이 지은 책으로서 시문의 논평, 일화, 견문 등을 수록한 『학림옥로』를 자신에게 빌려주었다거나(『계암일록』 1606년 11월 19일), 1609년(광해 1) 2월, 『난설헌집』을 구입하였다는 내용 정도이다(『계암일록』 1609년 2월 2일). 이러한 책은 과문을 익히기 위한 것이라기보다는 문장에 대해서 계속 관심을 가지고 있었음을 짐작하게 한다. 당시 이황의 제자들은 강학에 치중하는 서당을 건립하고, 이황의 가르침에 따라 심학을 중시하였다. 그리고 이황과 그의 문인이 건립한 서당이나 서원에서는 제술 공부를 학문으로 인정하지 않았다. 이러한 분위기 속에서 김령 역시 제술에 대해서는 독학하였을 것으로 보인다.

그럼에도 그는 제술에 능하였다. 과거에 입격하지도 않은 김령에게 월과月課를 부탁했던 관원들이 있었는데, 한림 배용길裵龍吉과 영덕현령 권수지權守之가 그들이다(『계암일록』 1603년 12월 24일, 1605년 3월 7일). 그는 생원진사시 향시에서 진사시에 두 차례나 입격하는 등 제술 능력을 인정받았다. 1604년(선조 37) 창녕에서 시행한 증광 생원진사시 향시에서 진사 5등으로 입격하였고, 1605년(선조 38) 의흥에서 시행한 식년 생원진사시 향시에서는 진사 1등으로 입격하였다(『계암일록』 1604년 12월 6일, 1605년 8월 18일). 그의 부친을 비롯해서 선대에서 지속적으로 생원이 배출되었던 것과는 달리, 그는 진사시 초시에 입격하였다.

김령의 과거 응시 양상

생원진사시 응시 양상

김령이 언제부터 과거에 응시하기 시작하였는지는 알 수 없다. 그의 일기에는 1603년(선조 36)부터 1612년(광해 4) 증광 문과에 급제하기까지 10년 동안의 과거 응시 기록이 남아 있다. 그가 10년간 시행된 과거에 전부 응시한 것은 아니다. 생원진사시의 경우에는 10년 동안 4회의 증광 생원진사시와 4회의 식년 생원진사시 등 총 8회의 시험이 시행되었다. 그는 이 중 1609년에 시행된 증광시에는 응시하지 못해, 총 7회의 생원진사시에만 응시하였다.

그는 1607년(선조 40)부터 병으로 고생하였다. 특히 1607년에는 1년 동안 병치레를 하였다. 1609년에는 증광시와 식년시

<table>
<tr><th>번호</th><th>연도</th><th colspan="2">종류</th><th>장소</th><th>시관</th><th>결과</th><th>비고</th></tr>
<tr><td>1</td><td>1603</td><td colspan="2">식년 회시</td><td>성균관</td><td>행지중추부사 김수, 좌참찬 이호민, 응교 정협,
이조정랑 목장흠, 병조정랑 신요</td><td>낙방</td><td>-</td></tr>
<tr><td rowspan="2">2</td><td>1604</td><td rowspan="2">증광</td><td>초시</td><td>창녕</td><td>경시관: 심집
참시관: 성주목사 홍서봉, 선산부사 이진</td><td>입격</td><td>진사 5등</td></tr>
<tr><td>1605</td><td>회시</td><td>성균관</td><td>판중추부사 유근, 판윤 이준, 종부시 정 김권,
승문원 판교 이수준, 군기시 정 이정혐</td><td>낙방</td><td>-</td></tr>
<tr><td>3</td><td>1605</td><td colspan="2">식년 초시</td><td>의흥</td><td>상시관: 윤조원
참시관: 성주목사 홍서봉, 합천군수 김계도</td><td>입격</td><td>진사 1등
(회시 미응시)</td></tr>
<tr><td>4</td><td>1606</td><td colspan="2">증광 초시</td><td>비안</td><td>경시관: 조즙
참시관: 성주목사 정엽, 합천군수 최동망</td><td>입격</td><td>삭방</td></tr>
<tr><td>5</td><td>1609</td><td colspan="2">식년 초시</td><td>신녕</td><td>경시관: 김시언
참시관: 선산부사 성진선, 창원부사 이광길</td><td>낙방</td><td>-</td></tr>
<tr><td>6</td><td>1611</td><td colspan="2">식년 초시</td><td>안동</td><td>미상</td><td>-</td><td>파장</td></tr>
<tr><td>7</td><td>1612</td><td colspan="2">증광 초시</td><td>봉화</td><td>경시관: 송방조
참시관: 성주목사 조희보, 선산부사 한회</td><td>낙방</td><td>-</td></tr>
</table>

표 1 김령의 생원진사시 응시 이력

가 다 시행되었는데, 김령의 자녀들이 홍역으로 고생하고 있어 몸과 마음이 피로한 상태였다. 게다가 비까지 내렸으므로 증광시의 시험 장소인 의성으로 출발하려다 포기하였다(『계암일록』 1610년 9월 27일, 9월 28일, 10월 6일).

1611년(광해 3)의 생원진사시는 이언적과 이황의 문묘종사를 저지하는 한편, 자신의 스승인 조식의 추존 사업을 추진하던 정인홍을 탄핵하는 일로 전국의 유생들이 들썩이던 때에 시행되었다. 이미 시험 전부터 다른 도의 선비들과 동맹하여 시험에 응시하지 말자는 논의가 있었으나, 김령의 입장은 달랐다. 그는 선비의 기개로 과거에 응시하지 않을 수는 있으나, 국가시험을 아예 응시하지 않는 것은 온당한 도리가 아니라고 여겼다. 그는 자신의 소신대로 시험장에 들어갔으나, 시험장에서의 소란으로 시험이 제대로 이루어지지 못하여 파장되었다. 그는 응시생들의 경거망동으로 생원진사시를 망친 것에 대해 한탄스럽게 생각하였다(『계암일록』 1610년 9월 2일, 9월 3일, 9월 4일).

김령은 7회의 생원진사시 초시에서 3번 입격하였으나, 회시에는 1603년 식년 생원진사시와 1605년 증광 생원진사시 등 2번만 응시하였고, 1606년의 식년 생원진사시 회시는 병으로 응시하지 못했다(『계암일록』 1606년 10월 9일). 식년 생원진사시는 일반적으로 식년 전해에 초시를 치르고, 식년 봄에 회시를 치르게 되어 있다. 그런데 식년인 1606년에는 선조의 즉위 40주년을 맞이하여 증광시가 치러질 예정이므로 식년 회시가 가을로 미루어졌다(『계암일록』 1606년 2월 2일). 그는 1606년 7월 증광 생원진사시 초시를 치를 때부터 이미 몸의 이상 증세가 나타나기 시작하였는데, 식년 회시가 시행되었던 10월에는 서울에 가기 어려울 정도로 병이 깊어졌다(『계암일록』 1606년 10월 9일).

그는 1606년 7월에 치른 증광 생원진사시 초시에 입격하였으나, 조정에서 뒤늦게 경상좌도 생원진사시 방목을 삭제하였다(『계암일록』 1606년 8월 2일; 『선조실록』 선조 39년 7월 22일). 1606년에 있었던 증광시는 선조 즉위 40주년을 축하하기 위한 것이었다. 그런데 경상좌도 증광 생원진사시 향시와 문과 향시 때에 시관과 응시생의 갈등이 심각하였다. 생원진사시 향시의 경시관이었던 조즙은 임진왜란 이후 경상도 도사를 역임했던 인물로, 도사로 있을 당시 여러 고을의 사람들과 격의 없는 친분을 쌓았다. 그런 그가 경시관으로 오면서 경상우도인 상주와 함창의 사람들을 데려왔는데, 이 사람들 중에 다른 고을 과거도목에 이름을 올려서 온 자들도 많았기에 여론이 들끓었던 것이다(『계암일록』 1606년 7월 1일).

7월 4일, 시험장에서 응시자들이 조즙에게 그와 함께 왔던 사람들 가운데 조즙과 몰래 약속하고 온 몇 사람을 시험장에서 내보내라고 요구하였으나 조즙은 이를 거절하였다. 이에 응시자와 조즙의 실랑이가 정오까지 계속되며 결판이 나지 않았다. 그러다 응시생 중 안동 유생 류득잠柳得潛이 머리를 다치자, 격앙된 응시생들은 모두 시험을 거부하고 시험장을 나와 버렸다. 일부 유생은 시관들이 사과하니 다시 시험장에 들어가자고 설득하였다. 김령과 그 일행은 들어가기를 완강히 거절했으나, 권자심權子深 등이 간곡하게 설득하여 들어가서 시험에 응시하였다(『계암일록』 1606년 7월 4일). 김령은 이 시험에 입격하긴 했으나, 시험장에서 나왔다가 다시 들어간 자신의 행동을 똥물로 목욕한 것과 같다고 자책하였다(『계암일록』 1606년 7월 9일). 이와 마찬가지로 경상우도의 증광 생원진사시 향시 역시 시관과 응시생 간의 갈등이 심해 시험을 치르지 못했다.

이후 입격자의 발표가 끝난 뒤인 7월 22일에는 정언 박안현朴顔賢이 경상좌도와 경상우도의 시험장에서 있었던 소란에 대해서 상소하였다. 그는 시관들이 시험장 밖으로 나간 응시생을 설득하여 시험장에 들어오게 하여 시험을 치른 것은 국가시험을 구차하게 한 것이니, 시관을 파직하고 좌도의 생원진사시 방목을 삭제하기를 청하여 선조의 윤허를 받았다. 김령은 이 소식을 8월 2일에 접하게 되었다(『계암일록』 1606년 8월 2일; 『선조실록』 선조 39년 7월 22일).

1606년의 증광시는 경상좌도와 경상우도의 문제만은 아니었다. 황해도 향시도 방榜을 낼 수 없는 지경이었으며, 서울에 있었던 2개소의 생원진사시 초시는 채점에 문제가 있어 파장되었다(『계암일록』 1603년 8월 25일; 『선조실록』 선조 39년 8월 18일). 사간원에서는 향시 입격 인원이 가장 많고 인재가 많은 영남의 증광 생원진사시 향시가 파장되었는데 회시를 시행하는 것은 나

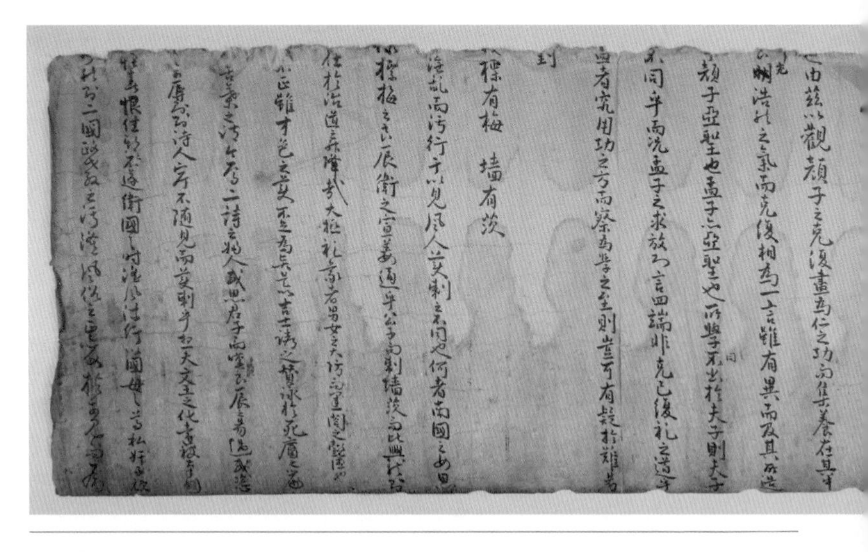

그림 3 「김령의 생원진사시 시권」(1603년, 27세), 광산 김씨 설월당종택 기탁, 한국국학진흥원 제공

라의 선비를 선발하는 법에 어긋나고 뒷날의 폐단도 클 것이니 초시를 파방하라는 상소문을 올렸다(『선조실록』 선조 39년 8월 13일). 조정에서 파방 문제를 놓고 논의하는 동안, 지방의 회시 응시자들도 갈팡질팡하여 서울까지 왔다가 되돌아간 사람들도 있었다(『계암일록』 1610년 9월 2일).

김령은 10년 동안 시행된 문과에는 약 53%인 8회에만 응시했던 반면, 생원진사시에는 약 87.5%인 7회에 응시하였다. 그가 이처럼 생원진사시에 주력하였던 것은 왜일까? 문과 응시 자격은 통훈대부 이하 관직자, 생원·진사, 그리고 학업 중인

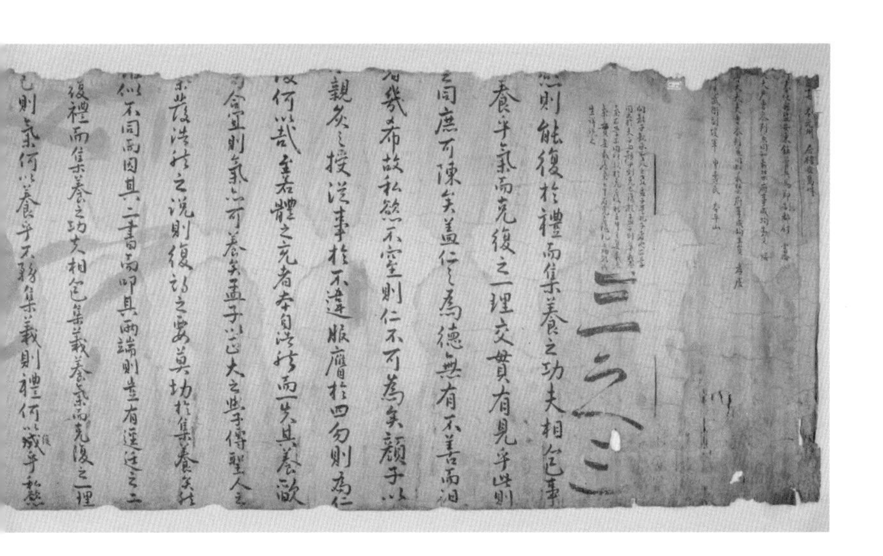

유학 등에게 주어졌다. 그러나 김령이 시험을 치렀던 17세기 전반기 문과 급제자는 관직자 43.5%, 생원·진사 42.4%, 유학 13.9%로 관직자와 생원·진사가 주류를 이루고 있었다. 이러한 상황에서 김령은 생원진사시 입격이 문과 응시의 지름길이라고 인식한 것이 아닐까 추측된다. 게다가 선대 대대로 생원시에 입격하였기에, 생원진사시 입격이 더욱 절실하였을 것이다.

문과 응시 양상

김령이 문과에 응시한 10년 동안 문과는 식년 문과, 증광 문과, 알성 문과, 정시 문과, 별시 문과 등 15회가 시행되었다. 그는 식년 문과 2회, 증광 문과 2회, 알성 문과 1회, 별시 문과 1회 등 총 7회의 시험에만 응시하였다. 그중 1606년에 시행된 증광 문과 초시는 시관과 응시생의 갈등으로 파장되기에 이르렀다.

1606년 경상좌도 증광 문과 향시는 용궁에서 있었다. 김령은 생원진사시 초시에 응시한 후 다시 문과 초시에 응시하였다. 7월 18일 초장初場 시험장에 들어갔는데, 논제論題를 3번이나 수정하였다. 경시관인 조즙은 시제試題를 고치기를 원한 응시자들을 비난하였다. 7월 20일에 시행된 중장中場에서도 시제를 수정하였는데, 수정된 시제 중 표제表題가 "예조는 서울과 지방의 시험장에서 일절 시제를 수정하는 것을 허락하지 말아서 선비의 경박한 습성을 바로잡아야 한다고 청하였다"라는 것이었다. 응시생들은 시제를 보고 분통을 터뜨렸으나, 시제에 대해 이의를 제기하지 말고 해가 저물어 시간이 되면 시험장을 나가자는 중론이 모였다. 이에 응시생들은 답안은 작성하지 않고 시간을 보내다 날이 저물자 시험장을 나왔다(『계암일록』 1606년 7월 18일, 7월 20일, 7월 21일). 김령의 일기에는 종장 응시에 대한 언급이 없다. 문과는 초장과 종장으로 이루어진 생원진사시와는 달리, 초장·중장·종장으로 되어 있고 하루 걸러 시험이 시행되는데, 일기에는 종장이 시행되는 7월 22일의 기록이 없는 것으로 봐서 파장된 것으로 여겨진다.

중장이 치러진 후 시관은 경상좌도 증광 문과 초시 진행 실태에 대한 장계를 준비하였다. 그 초안에는 초장과 중장에서 시제 문제로 시험이 원활하게 진행되지 못했으니, 자신을 파직시켜 달라는 내용이 있었다. 이처럼 장계 초안이 종장을 시행하기 전에 작성된 점은 파장의 정황을 뒷받침하고 있다.

일기를 참조하면, 그의 문과 응시 기록은 1604년에 보이기 시작하지만, 1610년에 처음으로 문과 초시에 입격하였다. 1610년 이전에는 생원진사시 초시 입격이 잦았던 반면, 1610년 이후로는 문과 초시 입격이 많았다. 이것은 김령이 처음에는 생원진사시에 초점을 맞추었다면, 1610년 이후에는 문과에 더 관심을 기울인 결과가 아닌가 한다.

그는 1610년(광해 2) 서울 태평관에서 있었던 별시 문과 초시에서 3등을 하여 전시에 응시할 자격을 얻었으나(『계암일록』 1610년 9월 27일, 10월 6일), 문과 급제에 이르지는 못하였다. 1611년에는 예천에서 시행된 식년 문과 초시인 향시에 2등을 하여 회시에 응시할 자격을 얻었지만(『계암일록』 1611년 9월 24일, 10월 3일), 회시에는 응시하지 못하였다. 그는 향시를 치른 이후 계속 병중에 있었다. 문과 회시는 이듬해인 1612년 3월로 정해졌는데, 그는 그때까지도 완전히 회복되지 못하였다. 그는 이해 4월, 병에서 회복되어 다시 증광 문과에 응시하게 되었다. 청송에서 시행된 증광 문과 초시인 향시를 거쳐 증광 문과 회시에서 6등으로 급제하였고(『계암일록』 1612년 7월 22일, 7월 25일), 최종적인 등위를 결정하는 전시에서는 병과 22위를 받았다(『계암일록』 1612년 8월 2일).

<table>
<tr><th>번호</th><th>연도</th><th colspan="2">종류</th><th>장소</th><th>시관</th><th>결과</th><th>비고</th></tr>
<tr><td>1</td><td>1604</td><td colspan="2">증광 초시</td><td>영천</td><td>문경현감, 용궁현감, 금산현감 정인후</td><td>낙방</td><td>–</td></tr>
<tr><td>2</td><td>1605</td><td colspan="2">식년 초시</td><td>예안</td><td>미상</td><td>낙방</td><td>–</td></tr>
<tr><td>3</td><td>1606</td><td colspan="2">증광 초시</td><td>용궁</td><td>미상</td><td>–</td><td>파장?</td></tr>
<tr><td>4</td><td rowspan="3">1610</td><td colspan="2">알성시</td><td>성균관</td><td>미상</td><td>낙방</td><td>–</td></tr>
<tr><td rowspan="2">5</td><td rowspan="2">별시</td><td>초시</td><td>태평관</td><td>미상</td><td>입격</td><td>3등</td></tr>
<tr><td>전시</td><td>미상</td><td>독권관: 좌의정 이항복, 이조판서 이정귀, 형조판서 박승종
대독관: 조탁, 이이첨, 홍서봉, 허균, 이덕형</td><td>낙방</td><td>–</td></tr>
<tr><td>6</td><td>1611</td><td colspan="2">식년 초시</td><td>예천</td><td>미상</td><td>입격</td><td>2등. 논·책 차등, 표 삼중</td></tr>
<tr><td rowspan="3">7</td><td rowspan="3">1612</td><td rowspan="3">증광</td><td>초시</td><td>청송</td><td>경시관: 송방조
참시관: 함양군수 이람, 성주목사 조희보</td><td>입격</td><td>표 삼중</td></tr>
<tr><td>회시</td><td>성균관</td><td>미상</td><td>급제</td><td>6등</td></tr>
<tr><td>전시</td><td>미상</td><td>독권관: 한성부 좌윤 박이장, 병조참판 김시헌, 형조참판 조탁
대독관: 형조참의 김계도, 상례 김수현, 교리 목대흠, 병조정랑 이경직[19]</td><td>급제</td><td>병과 22위</td></tr>
</table>

표 2 김령의 문과 응시 이력

김령이 10년 동안 응시하지 못한 문과는 7회다. 그중 1603년(선조 36)에 있었던 정시와 식년시에 대해서는 기록이 상세하지 않은데, 그의 일기가 이해 7월부터 시작되기 때문이다. 정시는 1월에 있었기에 그의 일기에서는 응시 여부를 확인할 수 없다. 그러나 그해 8월 식년 생원진사시 회시를 위해 서울에 상경하였을 때 서울에 살았던 어린 시절을 회상하는 것으로 보아 정시 때에는 서울에 올라가지 않았던 것으로 추측된다. 식년시의 경우는 이해가 식년 문과 회시가 있었던 해이므로 1602년에 실시된 식년 문과 초시 응시 여부는 알 수 없다.

나머지 5회 중에서 1회는 1608년(광해 즉위년)의 중시重試인데, 이 시험은 문과 급제자 이상 당하관이 치르는 시험이므로 유학이었던 김령에게는 응시 자격이 없었다. 1605년(선조 38) 6월에 시행된 정시 문과와 12월에 시행된 별시 문과에 대해서는 일기에 별다른 언급이 없다. 6월에 시행된 정시 문과는 정시 무과 때문에 시행된 것이다. 이해 4월 28일 병조에서는 북방 오랑캐 남침을 대비하여 무사를 증강시키는 방안으로 직부 회시를 받은 무인들을 모아 정시를 치르기를 청하였으나, 윤허받지 못하였다(『선조실록』 선조 38년 4월 28일). 그러다가 6월에 직부 회시를 받은 무인들 대상으로 정시 무과를 시행하면서 정시 문과를 시행하였다.[20] 12월에 시행된 별시는 선조가 3년 동안 앓다가 회복되어 그것을 경축하기 위해 시행된 별시이다. 이 별시는 막대한 경사이므로 초시를 서울과 지방에서 시행해야 했으나, 이해에 흉년이 심했던 탓에 초시와 전시를 모두 서울에서 열었다(『선조실록』 선조 38년 9월 27일).

조정에서 비정기시의 시행을 결정하면, 서울 거주자들이 지방의 친인척이나 지인 등에게 발빠르게 소식을 전하는 경우가 많았다. 김령의 경우에도 서울에서 거주하였던 처남과 처조카가 비정기시에 대한 정보를 상세히 알려 주곤 했는데, 1605년 비정기시의 경우, 김령은 공식적이든 비공식적이든 시험 소식을 접하지 못하였다. 1605년은 김령에게 있어 매우 바쁜 한해였다. 1605년 2월에는 증광 생원진사시 회시에 응시하기 위해 상경하였다가 시험에서 낙방하고 집으로 돌아오는 길에 알성시가 있다는 헛소문에 귀향길을 하루 늦추기도 하였다. 그리고 8월에는 의흥에서 식년 생원진사시 향시를, 9월에는 그의 거주지인 예안에서 식년 문과 향시를 치렀다. 당시 예안은 여름에 홍수가 휩쓸어 남은 게 없을 정도였다(『계암일록』 선조 38년 8월 28일). 이러한 상황에서 비정기시 정보를 들었더라도 서울로 상경하기는 어려웠을 것으로 짐작된다.

1609년 풍기에서 시행된 식년 문과 초시는 병으로 응시할 수 없었다(『계암일록』 1609년 11월 23일). 김령이 과거에 응시한 10년 동안 식년 문과는 4회가 시행되었다. 그의 일기에 따르면, 그는 식년 문과에는 2회만 응시하였다. 1603년 식년 문과는 이해에 회시와 전시가 시행되고 전해에 향시가 시행되었는데, 일기에서 그가 향시에 응시했었는지 확인하기는 어렵다. 그는 10년 동안 시행된 식년시는 문과이든 생원진사시든 건강상의 문제가 아닌 이상 다 응시했다. 그는 2회의 식년 문과에 응시하여 1611년 예천에서 시행된 경상좌도 문과 향시에서 2등으로 입격했다. 그런데 1612년에 시행된 식년 문과 회시에는 응시하지 못했다. 그는 1611년 10월 문과 초시에 입격한 이후에 계속 병으로 고생하였다. 문과 회시 일자가 1612년 3월로 정해졌으나, 그때까지도 병석에 있었기에 서울로 올라갈 수 없었다.

1611년 2월 18일에 시행된 별시에는 응시하고자 하였으나, 말이 없어서 포기하였다(『계암일록』 1611년 2월 2일). 그는 비정기시 가운데 식년 문과와 유사한 체제로 운영되는 증광 문과에는 1604년부터 계속 응시하였으나, 알성 문과, 정시 문과, 별시 문과 등 그 외의 비정기시에는 1610년부터 응시하기 시작하였다. 사실 1607년 11월에는 처남인 홍할洪劼이 김령에게 편지를 보냈는데, 그 내용은 서북 방면을 방비하는 일로 대대로 인재를 선발하자는 의논이 있었으니, 별시나 정시가 반드시 시행될 것이라는 것이었다(『계암일록』 1607년 11월 29일).

이 당시는 누르하치의 세력이 계속 확장되면서 조선에 귀화한 여진인을 송환하라는 요구를 하던 시기였다. 조정에서는 귀화한 여진인을 돌려보내지 않는다는 방침을 세우고 그들의 동정을 탐문하여 보고하게 하였으며(『선조실록』 선조 40년 10월 16일), 평안도에서는 안주에 성을 쌓아서 서북 지역의 방비에 대비하였다(『선조실록』 선조 40년 10월 4일). 이때 만약에 대비하여 무인들을 확보하기 위해 무과를 시행하자는 논의가 나왔고, 무과와 짝하여 문과도 시행할 계획이었다. 별시 문과의 초시는 1월 22일이었으며, 시험 과목은 논·부·책이었고 무과의 경우에는 초시에서 2천 명을 뽑으려 하였다(『계암일록』 1607년 12월 4일). 그러나 영의정 류영경이 탄핵받은 일로 계속 연기되다가 2월 2일로 시험이 정해졌는데, 선조가 2월 1일 병으로 사망함으로 인해 시험은 무산되었다(『계암일록』 1608년 2월 7일; 『선조실록』 선조 41년 2월 1일). 김령은 별시 초시에 대한 소식을 자형인 전경업全景業에게서 들었다. 그는 별시에 대한 소식을 듣고도 시험에 응시할 생각은 하지 않았다.

그가 광해군이 즉위한 이후 증광시 이외의 비정기시에 관심을 가지게 된 것은 1608년 12월 시행된 중시 대거 별시 문과에서 남인들이 가장 많이 급제했기 때문이다(『계암일록』 1609년 1월 1일). 또한 그의 친구 류진柳袗이 식년 생원진사시에서 진사로 입격하기도 하였다(『계암일록』 1610년 3월 25일). 게다가 처가 쪽에서도 비정기시 응시를 재촉하였다. 그동안 그의 처남 홍할은 서울에 살고 있으면서 각종 시험 정보를 보내 왔었다. 그런데 1610년 5월, 처조카인 홍우형洪遇亨이 김령에게 편지를 보내 알성시가 있을 예정이며, 시험은 표문이나 사운四韻에서 출제될 것이니 올라오기를 기다린다고 하였다(『계암일록』 1610년 5월 6일). 그 역시도 응시하고자 했으나, 건강상의 문제로 확신할 수 없었다. 다행히도 시험이 연기되어 그해 8월에 상경하였는데, 이때에도 짐 싣는 말을 구하지 못하는 등 모든 일이 준비되지 않아 출발을 하루 미루었다(『계암일록』 1610년 8월 18일).

그는 8월 27일 서울로 출발하여 9월 9일 알성 문과, 10월 1일 별시 문과 초시, 10월 15일 유생 과시인 정시, 10월 19일 별시 문과 전시에 응시하는 등 2달을 서울에 머무른 뒤, 10월 26일에 예안으로 출발하였다. 증광시 이외의 비정기시에는 이때 처음 응시한 것이었다. 그는 알성 문과와 정시에서는 실패하였으나, 별시 초시에서 '문풍文風'에 대한 책문을 지어 이하二下를 받아 3등으로 입격하였다. 그는 10월 19일, 그의 처남 홍할과 함께 전시에 들어갔는데, 책문의 제목은 '도학숭장道學崇奬 운운'이었다. 김령은 이러한 책문은 서인들에게 의미가 있는 것으로 파악하였다(『계암일록』 1610년 10월 19일).

1610년 9월, 김굉필金宏弼·정여창鄭汝昌·조광조趙光祖·이언적李彦迪·이황 등 오현의 문묘종사가 결실을 보게 되었다. 유생들이 붕당의 대결 구도 속에서도 성공적으로 문묘종사 운동을 전개할 수 있었던 것은 사림정치의 확립이라는 공통된 명분이 있었기 때문이다. 더욱이 남인은 조광조를 제외한 사현이 영남 출신이라는 점에서 두말할 필요가 없었다. 서인은 그들의 학통을 오현에 접목하는 것이 유리하다고 판단하였고, 기축옥사와 관련되어 삭탈관직된 성혼成渾의 신원 등의 현안을 해결할 수 있다고 판단했다.[21]

김령은 기축옥사를 일으켜서 최영경을 죽음에 이르게 한 이들을 '정철 도당'이라고 할 만큼 부정적으로 생각했기에, 별시 문과 전시의 시제 출제 의도를 불순하게 생각했다. 그는 시관이 원하는 답안이 아니라 자신의 견해를 피력하는 답안을 작성하였다. 게다가 서편書篇을 마무리하고 몇 글자를 더 써야 하는데, 군사들이 시권을 가졌으니(『계암일록』 1610년 10월 19일), 급제를 기대할 수 없었다.

별시 문과 초시를 치른 후 전시가 시행되기를 기다리는 동안 정시庭試에도 응시하였다. 이 정시는 정식 과거는 아니었다. 광해군이 서총대에 나아가 관무재觀武才를 시행하였는데, 이와 짝하여 유생들에게도 시험을 시행한 것이었다(『광해군일기』 광해

2년 10월 15일 병술). 김령은 이날 시험 문제로 제시된 표문 제목이 매우 쉬워서 글을 지어 시권을 제출하려 했으나, 시관은 시간이 지났다고 받아 주지 않았다(『계암일록』 1610년 10월 15일). 이 시험에서 장원한 이사규李士珪은 직부 전시를 하사받았다(『광해군일기』 광해 2년 10월 16일 정해).

1610년 그는 알성 문과에 응시하러 갔다가 별시 문과와 정시까지 치렀고, 별시 문과 초시에서 좋은 성적으로 입격했기에, 비정기 문과 응시에 자신감을 가졌을 것으로 추측된다. 그래서 그다음 해인 1611년에 시행된 별시 문과에도 응시하고자 했으나, 말을 구하기 어려워 포기하였다.

김령이 과거에 응시한 10년 동안 시행된 생원진사시와 문과는 총 23회로, 매년 약 2회의 시험에 응시해야 하는 상황이었다. 김령의 입장에서 향시의 경우는 시험장이 경상좌도에 정해지므로 큰 부담이 없었으나, 서울로 올라가야 하는 시험은 만만치 않았다. 김령이 1603년 증광 생원진사시 회시를 위해 서울에 올라갈 때에는 9일이 소요되었다. 8박 9일의 여정에 경상우도에서 서울로 올라가는 응시생들과 마주칠 때면 숙소를 구하기도 어려웠다. 식사는 강가나 냇가에서 지어 먹는 경우가 많았으니, 식사를 위한 짐까지 싣고 다녀야 했다. 때문에 지방 유생들이 시험에 응시하기 위해서는 짐을 나르고 타고 가야 할 말이 중요하였는데, 주변 사람들이 대거 시험 응시를 위해 서울로 갈 때는 말이 더 귀했다.

김령이 문과에 응시했던 당시의 문과 시행 양상을 보면, 비정기시 시행이 많았다. 비정기시는 조선 초 태종이 즉위한 이후부터 시행되기 시작하였다. 15세기 전반에는 11회의 비정기시가 시행되었으나, 15세기 후반에는 35회, 16세기 전반에는 48회, 16세기 후반에는 50회, 김령이 문과에 응시하던 17세기 전반에는 71회가 시행되었다. 3년에 한 번 치러지는 식년시 이외에 시행되는 비정기시가 16세기에 들어서면서 약 1년에 한번씩 시행될 정도로 늘어났고, 17세기 전반에는 1년에 1회 이상 시행되었다.

17세기 전반기에 급격하게 늘어난 비정기시는 증광시였다. 증광시는 원래 임금의 등극을 축하하기 위해서 시행되어 각 왕대에 1회씩만 시행되었는데, 선조 때에 그 원칙이 무너졌다. 선조 때에 시행된 증광시는 선조의 즉위(1568), 태조 이성계를 고려 말 권신 이인임의 아들로 잘못 기록한 것에 대해 수정을 요청한 종계변무의 성사(1589), 종계를 수정한 『대명회전』을 반사하고 종묘에 존호를 올린 것(1590), 전란 후 공신 책봉을 마무리하고 임금에게 존호를 올리게 된 것(1605), 선조의 즉위 40년(1606) 등을 경축하기 위해 시행되었다.

선조 때 시행된 5번의 증광시는 임금의 즉위, 왕실의 경사로 압축된다. 증광시는 식년시와 선발 인원이 같았다. 그런데 1590년에 시행된 증광시의 경우에는 문과 급제 인원을 7명 더 늘이게 하였는데, 이러한 경우를 대증광시라고 하였다. 선조 때에 증광시의 시행 횟수를 늘이자, 이것이 선례가 되어 그 이후에는 임금의 즉위 이외에도 왕실의 큰 경사가 있을 때에 으레 증광시를 시행하였다. 그 결과 선조 이전에는 한 왕대에 1회에 지나지 않았던 증광시가 선조 때 5회, 광해군 때 5회, 인조 때 3회 등이 시행되었다.

증광시는 과거시험에 적용되는 시험 형식과 입격 인원이 모두 식년시와 유사하였다. 증광시 초시는 식년시와 마찬가지로 지방에서의 향시, 성균관 유생들을 위한 성균관시, 서울 유생을 대상으로 한 한성시 등이 치러졌다. 따라서 지방 유생들은 서울에까지 올라가지 않아도 되었기에, 시험에 응시하기가 수월하였을 것이다. 김령 역시 지방에서 초시가 치러지는 시험을 위주로 응시하였다.

김령이 시험 당락의 결정이 빨리 나며 시험 빈도가 잦았던 다른 비정기시보다 증광시를 더 많이 치른 것은, 서울에 가야만 했던 다른 비정기시와 달리, 증광시는 지방에서 응시할 수 있는 시험이었기 때문이었다. 또한 그가 다른 비정기시보다 증광시를 더 많이 치른 것은 문과 급제를 조급하게 여기지 않았기 때문인 것 같다. 그는 처남과 처조카의 재촉으로 알성 문과에 응시하러 가긴 했으나, 문과 급제에 연연해하지는 않았다. 알성시를 치른 다음 해에 시행된 별시에 응시하려 했으나, 말이 없어서 그만둔 일도 있었다. 그가 어떻게든 별시 문과에 응시하고자 했다면 말을 준비할 여력이 없었을까 하는 의구심이 든다.

1612년 문과 급제 이후 그의 행적을 보면, 서울에서의 관직 생활보다 예안에서 사족으로 살아가는 삶을 더 즐긴 것처럼 보인다. 물론 그의 건강이 타지에서 관직 생활을 할 만큼 받쳐 주지는 못한 것도 있고, 급제 당시의 정치적 상황도 그가 관직 생활하기에 적합하지는 않았다. 그러나 그는 반정 이후 인조가 여러 차례 관직을 제수했음에도 나가지 않았다.

2

충청도 덕산 사족 인재 조극선[22]

조극선의 가계

조극선趙克善(1595-1658)은 자字가 유제有諸, 호는 야곡冶谷이며 본관은 한양漢陽이다. 그의 증조부는 여절교위 조곤趙鵾, 조부는 창신교위 조흥무趙興武(1532-1589)이고, 부친은 적순교위迪順校尉 조경진趙景璡(1565-1639)이다. 그는 조선의 개국공신이자, 정사定社·좌명佐命공신에 책봉된 한천부원군 조온趙溫(1347-1417)의 후손이다.[23] 조온은 고려 말 외삼촌인 이성계에게 동조하여 이조판서로서 위화도회군에 참여하여 회군공신에 책록되었고, 조선 건국에도 공을 세워 개국공신 2등에 책록되어 한천군漢川君에 봉해졌다. 1398년(태조 7) 제1차 왕자의 난에서도 이방원을 도와 정사공신 2등에 책록되었고, 1400년(정종 2)에는 제2차 왕자의 난을 평정하여 좌명공신 4등에 책록되고 부원군에 책봉되었다. 조온의 2남 조완趙琓은 홍주목사, 경주부윤, 동지중추원사 등을 지냈다. 이들은 서울에서 거주하였으나, 조완의 장남이자 조극선의 6대조인 조증趙璔이 서울을 떠나 그의 처 영덕 김씨의 세거지인 충청도 홍주 녹운동綠雲洞으로 입향하였다. 그가 홍주에 입향한 후, 그의 증손이며 조극선의 증조부인 조곤은 신석강의 딸 평산 신씨와 혼인하여 처가의 세거지인 덕산현 대야곡으로 옮기게 되었다. 조곤의 후손들은 이곳에서 세거하게 되었고, 조극선 역시 이곳에서 나고 자랐다.[24]

조곤이 덕산현 대야곡으로 입향한 후 조극선에 이르기까지 그 후손들은 관직에 진출하지는 못하였고, 다만 공신 집안의 후손이므로 충의위에 속하여 산계를 받았다. 조극선의 조부인 조홍무는 어려서 병에 걸려 공부에 힘쓰지 못하였다. 그러나 일을 능숙하게 처리하는 재간과 능력이 있어서 아랫사람들을 잘 부려 경제적으로 다시 집안을 일으키고 친족과도 화목을 도모하였다고 한다.[25] 그는 관직에 진출하지는 못하였으나, 치산 능력을 발휘하여 경제적 기반을 다져 갔으며, 그 결과 덕산현에서의 재지 기반을 확고하게 하였다.[26] 그가 이룬 경제적 부의 정도를 확인할 길은 없다. 다만 조홍무의 차남이면서 조극선의 부친인 조경진은 4결의 전답을 경작하고, 인근과 서울에 노비를 거느릴 정도였다.[27] 조경진의 경제력은 부친인 조홍무가 4남 1녀에게 분재한 재산을 바탕으로 했을 것이므로, 조홍무의 재산 규모는 조경진의 것보다는 컸을 것으로 추측된다. 조홍무는 경제적으로 재지 기반을 마련하는 한편, 사족으로써 사회적 지위를 확고히 하기 위해 아들의 교육에도 관심을 가졌다.

조경진은 부친의 기대에 부응하여 전유륜全有倫의 문하에서 열심히 수학하고, 배운 것을 두 아우인 조경원과 조경유에게 가르쳤다. 또한 집안에 없으나 필요한 서책은 손으로 필사하고 입으로 외웠다. 그의 학업에 대한 열정은 집안의 학문적 분위기를 진작시킨 것은 물론이고, 지역사회의 후학 교육에까지 확대되었다. 1616년(광해 8)에는 몽학훈장蒙學訓長에 임명되어 훈장으로서 활동하였다.[28] 그 결과 그에게 배운 문인들이 힘을 모아 서당을 건립하였고, 그곳은 유생의 학업과 소통의 장소로 활용되었다.

그러나 조경진은 지방의 유학자로 만족할 수 없었다. 조경진의 집안은 공신 가문의 일족으로 홍주에 입향한 조증 이후로 관직에 나가지 못하였다. 위축되어 가는 집안을 일으키기 위해서는 경제적 부의 축적도 중요했지만, 지속적인 관직 진출도 중요하였다. 그렇기에 조극선의 조부인 조홍무가 자녀의 교육에 관심을 가졌던 것이었다. 그러나 조극선의 부친인 조경진은 계속 과거에 응시했음에도 결실을 맺지 못하였다. 그가 언제부터 과거에 응시하였는지는 확인하기 어려우나, 그는 50세인 1614년(광해 6)에도 장남인 조극선과 함께 증광 생원진사시 초시에 응시하였다. 그는 이 시험에서 아들인 조극선이 초시에 입격하자 더 이상 과거에 응시하지 않은 것으로 보인다.

조경진은 장남 조극선이 생원진사시 초시에서 입격한 것을 보고 아들의 과거 급제에 큰 기대를 걸었다. 이해 증광 생원진사시가 있기 직전에 생원진사시 회시 직부를 받을 수 있는 도회 백일장이 있었다. 조경진은 아들이 이 시험에 입격하지도 못했는데 지인들과 놀러나갔다가 돌아오자, 아들의 벗들 앞에서 학업에 나태한 아들을 꾸짖었다(『인재일록』 1616년 6월 16일). 그뿐 아니라 조경진은 24세의 아들의 학업을 독려하기 위해서 닷새에 한 번씩 규칙을 정해 글을 짓게 하였고(『인재일록』 1618년 7월 25일, 8월 29일), 26세의 아들이 별시 문과 초시에서 낙방하였다고 화를 내며 매질을 하기도 하였다(『인재일록』 1620년 8월 8일). 그가 아들 조극선에게 가혹하게 했던 것은 아들의 과거 급제를 간절히 바랐기 때문이었다. 조극선은 부친의 기대를 저버릴 수 없어서 42세까지 과거에 응시하였으나 뜻을 이루지 못했다. 그러나 조극선은 유일로 천거되어 동몽교관에 제수된 이후 내외직을 두루 거치고 사헌부 장령에까지 이르렀다. 조극선의 관직 진출

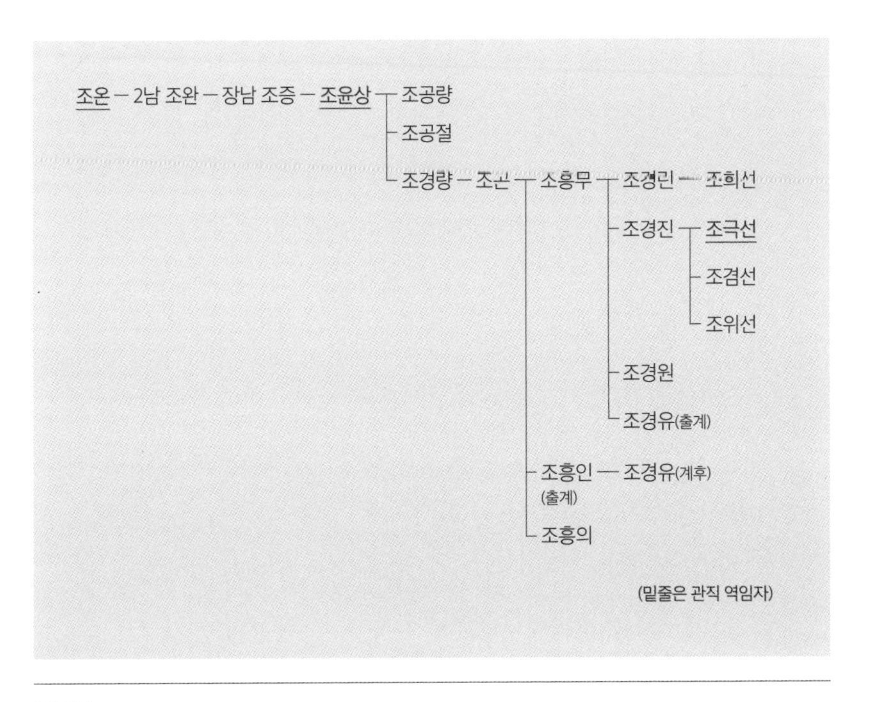

그림 4 조극선의 가계도

은 그의 5대조 조윤상 이후로 처음 있는 일이었다.

조극선의 시험공부

조극선은 7세 때에 부친인 조경진으로부터 글을 배우기 시작해서 9세에 『사략』 7권을 읽었다. 그 후 15세에 덕산현감으로 부임했던 잠와潛窩 이명준李命俊(1572-1630)에게 당시唐詩 모음인 『당음唐音』을 배우기 시작하였다. 16세에는 『시가연해詩家淵海』를 공부하였으며, 이해 5월에 홍주洪州에서 열리는 백일장에서 이상二上의 점수를 받아(『인재일록』 1610년 5월 5일),[29] 10대에 이미 제술 능력을 인정받았다.

1610년 10월, 이명준이 덕산현감에서 체차되어 서울로 올라가자, 조극선도 서울로 올라가서 2월부터 9월까지 8개월 동안 이명준에게 수업을 받았다. 이때 그는 사마천의 『사기』, 『두시』, 산곡山谷 황정견黃庭堅의 시 등을 접하였다. 두보와 황정견의 시문은 성균관 유생들의 시학詩學 진흥을 위한 관학 교재로 활용되었던 것이며,[30] 『사기』 역시 문장 수업의 필독서였다.[31] 그러다 1612년, 이명준이 이이첨이 일으킨 옥사에 연루되어 영덕으로 유배되면서,[32] 그는 더 이상 이명준에게 가르침을 받지 못했다.

조극선은 고향으로 돌아온 후에 독서와 제술을 병행하면서, 동접同接과 함께 사찰에 모여서 토론하기도 하고 시를 짓기도 하였다. 하지만 그는 24세가 되던 1618년(광해 10) 윤4월에 박지계朴知誡를 찾아가 가르침을 청하기 전까지 이렇다 할 스승에게 수업을 받지 못하였다. 1611년 10월부터 1618년 윤4월까지 약

7년 6개월 정도는 함께 공부하였던 이두양李斗陽의 부친 용계龍溪 이영원李榮元(1565-1623)을 찾아가서 학문에 대해 조언을 듣기도 하고 토론하기도 하였다.

이 시기의 일기에는 그가 독서하고 글을 지었다는 기록은 있지만 그 내용이 자세하지 않다. 그는 서울에서 돌아온 후에 체계적으로 공부하지 못하였으며, 과거 응시 전 한두 달 정도 글을 짓는 정도였다. 1612년 4월에 증광 생원진사시 초시 응시를 준비할 때도 그는 시험이 있기 한 달 전부터 제술 연습에만 치중하였다(『인재일록』 1612년 3월 6일). 그 결과 종장의 강서 시험에서는 동접의 답안을 베껴서 제출하였다(『인재일록』 1612년 4월 11일). 이 시기 조극선이 접했던 서책은 『대학연의』, 『맹자』, 김장생의 『가례집람』, 『한문韓文』, 『이백집李白集』 등이다. 조극선은 그 와중에 1614년 식년 생원진사시 초시에서 시詩로 입격하여 이듬해에 서울로 가서 회시를 치렀으나 낙방하였다. 그 후에도 그는 2번이나 더 생원진사시 초시를 치렀으나 헛수고였다.

그래서 조극선은 학업에 대한 조언을 듣기 위해서 영덕으로 유배 간 이명준을 찾아갔다. 그는 5일 동안 지내면서 스승인 이명준에게 그동안 지었던 시문과 부를 보여 주며 학업에 대한 조언을 청했다. 이명준은 문장은 한유와 유종원을, 시는 소식과 황정견을 공부할 것을 권하였다. 공부 순서는 황정견과 한유를 공부한 후에 소식과 유종원을 공부하라고 하였다(『인재일록』 1616년 10월 14일). 이명준이 조언한 문장과 시문 공부는 조선 전기에도 중요하게 생각했던 당·송의 문장가의 작품이 표본이 되었다.

이명준은 이때 조극선의 학업에 도움을 줄 만한 스승 두 사람을 추천하였는데, 잠야潛冶 박지계朴知誡(1573-1635)와 포저浦渚 조익趙翼(1579-1655)이었다. 그는 조극선이 그 두 사람의 문하에서 공부할 수 있게 편지까지 써 주었다(『인재일록』 1616년 10월 18일). 박지계와 조익은 당대에 이미 경학에 조예가 깊은 학자로 이름이 있었다. 이명준이 조극선에게 이들을 소개한 것은 문장에만 치중하지 않고, 경학 공부에도 관심을 갖게 하려는 것이었다.

조극선은 바로 박지계와 조익을 찾아가지 않고, 오히려 고산高山의 이영원에게 자주 가서 『한문』 등을 읽고 문장에 대해서 논의하면서 시·부를 연습하였다. 그가 박지계·조익을 찾아가게 된 계기는 그가 1617년(광해 9) 생원진사시 회시에서 실패한 것이었다(『인재일록』 1617년 7월 9일, 11월 11일). 조극선은 생원시 초시에는 입격했지만, 생원을 획득하는 데 실패하자 본격적으로 경학 공부를 시작하였다.

조극선은 1618년 윤4월에 박지계를 찾아가서 그의 문하에서 경학을 체계적으로 공부하기 시작하였다. 박지계는 그에게 『근사록』, 사서 순으로 독서하라고 하였다. 또한 사서 중에서는 『대학』을 가장 먼저 보도록 권하였다. 이해에 박지계에게 『근사록』, 『대학』 수업을 받으면서, 11월에는 조익에게 가르침을 청하였다. 그는 조익에게서 『논어』, 『맹자』, 『중용』 등의 수업을 받았다.

조극선은 박지계를 찾아간 1618년부터 1623년(인조 1)까지 약 6년간 경학, 예학, 역사서 등을 독서하면서 제술 공부도 병행하였다. 경학은 위에서 언급한 『대학』, 『논어』, 『맹자』, 『중용』, 『예기』, 『사서삼경석의』 등을 공부하였다. 사서를 공부할 때에는 조익의 저술인 『논어천설論語淺說』, 『맹자천설孟子淺說』, 『대학곤득大學困得』, 『중용곤득中庸困得』, 그리고 주자의 『대학혹문大學或問』, 『중용혹문中庸或問』 등을 참조하였다. 성리서로는 『근사록』, 『주자서절요』, 『성리군서』, 『심경』, 『황극경세서』, 『성학집요』, 『역학계몽』, 『이학통록』 등을 독서하였다.

경학 공부가 깊어지면서 스승 조익과 함께 '이기론', '의리론', 그리고 '출처관' 등을 토론하였다. 박지계와 조익 두 사람은 모두 성리학에 조예가 깊었으나 추구하는 바가 달랐다. 박지계는 주자 성리학을 고수하는 경향이 있는 반면, 조익은 주자 성리학에만 머물지 않고 새로운 설을 추구하였다.[33] 박지계는 조익의 그러한 경향에 대해서 주자의 해설 이외에 다른 설을 덧붙이는 것은 옳지 않다고 하였다(『인재일록』 1618년 5월 24일). 반면 조익은 박지계가 이기설을 완전히 잘못 인식하고 있다고 평하였다(『인재일록』 1622년 10월 30일). 조극선은 두 스승의 학문 경향을 두루 익히면서 나름대로 자기의 견해를 세우고자 여러 학자의 학설을 찾아보고 궁구해 나갔다.

조극선은 실생활에 적용되는 예학에도 관심을 가져서 『가례집람』, 『상제례문답촬요喪祭禮問答撮要』, 이황의 『상례문답喪禮問答』 등을 읽었다. 그는 이러한 서적에서 의심나는 것이 있으면 박지계와 조익에게 질문하고, 답변을 받으면 따로 정리하여 기록해 두었다. 또한 『사기』, 『송감』, 『동래박의』, 당의 『순종실록』·『문종실록』 등의 역사서도 읽으면서 식견을 넓혀 갔다.

경학을 공부하면서도 제술에 대한 관심은 여전하였다. 이명준의 조언에 따라 『한문』, 『한문비지韓文碑誌』 등 한유의 글을 주로 공부하였으며, 소식의 글도 접하였고, 제술 시험공부의 필독서인 『문선』도 빼놓지 않았다. 고려와 조선 학자의 문집인 길재의 『야은집』, 이색의 『목은집』, 서경덕의 『화담집』, 심수경의 『유한잡록』, 성혼의 『우계집』·『율곡집』 등과 과문의 초집인 『동부東賦』·『동표東表』 등도 참조하였다. 또한 유서類書인 『운부군옥』을 필사하면서 익혔다.

조극선의 독서 순서는 조익이 제시한 것과 일치하지 않는다. 조익은 『소학』, 『근사록』, 『주자서절요』를 읽고, 사서, 오경, 역사서 순으로 읽는 것이 학문하는 데 유익하다고 하였다.[34] 조극선은 스승을 만나기 전에 이미 『소학』은 읽었고, 박지계를 만나서 『근사록』과 사서를 읽었다. 이 시기에는 오경 중에서 『예기』만을 읽었으며, 『주자서절요』도 1622년에야 빌려 볼 수 있었다. 역사서는 이명준에게 문장 수업을 들을 때에 『사기』를 접하였으나, 박지계와 조익을 만난 이후에 『송감』, 『춘추좌씨전』의 주해서인 『동래박의』를 읽었다. 그가 체계적으로 독서하지 못하였던 것은 지방에서 서책에 대한 다양한 정보를 얻기가 쉽지 않았고, 정보가 있더라도 책을 구하는 데 한계가 있었기 때문으로 보인다. 그는 책을 빌려 보거나, 교환하거나, 자기 책을 팔아서 필요한 책을 사기도 하였다.

조극선은 10대 후반에서 20대 초반까지 스승을 만나지 못해 학문에 정진하지 못하였지만, 24세에서 29세까지 6년 동안 수많은 서적을 읽고 경학에 좀 더 깊이 다가갈 수 있었다. 조극선은 학문에 대한 열정이 깊어질수록 과거에 대한 회의가 커졌다. 그의 생각을 알아차린 조익은 과거를 보지 않고 독서만 하는 산림山林은 사사로움에 가려져 있다고 비판하였다(『인재일록』 1622년 10월 12일).[35]

16세기 중반 이후로 성리학을 공부하고 덕을 갖춘 산림들이 중시되고, 그들이 정치에도 강한 영향력을 발휘하기 시작하였다. 대표적인 인물로는 선조 때의 성혼과 광해군 때의 정인홍 같은 인물이었다. 다른 한편으로는 광해군 때의 정치적 혼란이 가중되었던 시기에 관직 진출에 의미를 두지 않고 향촌에 은둔하는 이들이 있었다.[36] 조극선의 스승인 박지계도 그러한 사람 중 하나였으며, 조익도 광해군 때에 관직을 버리고 충청도 신창新昌에서 학문에 전념하였다. 조익은 조극선에게 학문을 하더라도 과거를 포기하지 말라고 경계하였다.

조극선은 29세 때까지는 오경보다 사서 중심으로 독서하다가 1623년 겨울에 문과에 응시할 결심을 하면서 독서의 방향이 바뀌었다. 경학은 사서를 계속 반복적으로 독서하면서 삼경에 집중하였다. 1623년 겨울부터 『서경』을 읽기 시작하여 『시경』, 『주역』 순으로 읽었다. 그가 생원진사시를 준비할 때와는 달리 삼경에 시간을 많이 할애한 것은, 식년 문과에서는 경서 시험의 비중이 높았기 때문이었다. 1625년과 1626년에는 사서와 삼경 공부 중 『서경』과 『맹자』는 언해본도 참조하였다. 그 결과 1625년에는 별시 문과 초시에 입격하고 별시 회강을 통과하였으며, 1626년에는 식년 문과 초시에 입격하였다.

조극선은 문과 응시를 위해 제술도 포기할 수 없었다. 그는 부·책 등과 같은 형식의 글을 많이 읽고 실제 글쓰기 연습을 하였다. 중국의 서책으로는 『한문비지』 등과 새롭게 사방득謝枋得의 『문장궤범文章軌範』을 읽었다. 그는 이 시기에 조선의 서책들도 많이 보았는데, 이정형李廷馨의 『동각잡기東閣雜記』, 『동사집東槎集』, 『남명집』, 『퇴계집』, 그리고 조헌의 『중봉집重峰集』 등이 그것이다. 또한 실제 제술에 도움이 될 수 있는 『동책東策』·『동부』·『고부古賦』 등도 지속적으로 보았다.

역사서는 기존에 읽었던 『송감』·『동래박의』 이외에 『통감』·『소대전칙昭代典則』를 보았으며, 우리나라 역사서인 『동국병감東國兵鑑』·『동사찬요』 등도 읽을 기회가 있었다. 역사서들은 제술 시험의 전거로 활용될 수 있었기에 유생들은 중국의 역사서를 읽어 왔다. 그런데 조극선은 중국 역사만이 아니라 우리나라의 역사에도 관심을 가졌다. 전란이 거듭되는 상황이었기에 선조 때에 간행된 고조선에서 고려 말에 이르기까지의 전사戰史를 다룬 서적에 관심을 두었던 것으로 보인다.

조극선의 시험공부 과정과 내용은 김령의 경우와는 사뭇 다르다. 그는 10대에는 글쓰기 학업에 치중하였다. 중국 문장가의 글들을 익히면서 시를 비롯한 여러 장르의 글쓰기 학업과 습작에 치중하였다. 경학 공부를 본격적으로 시작한 것은 24세 이후였다. 사서를 읽고 암기하는 것을 넘어서 성리학적인 관점으로 사서를 깊이 이해하기 위해 많은 서적을 참고하였다. 또 조극선은 당시 충청도에서 지내고 있던 박지계와 조익을 스승으로 모시면서 『근사록』과 사서를 순서에 따라 독서하였다. 비슷한 시기에 영남에서 학문을 하였던 유생 김령이 『심경』을 우선적으로 독서했던 것과는 차이가 있다.

지방 거주 유생은 좋은 스승과 학업에 필요한 서책을 접할 기회가 많지 않았다. 그들은 대개 그 지방에 부임하는 수령의 영향으로 공부를 시작하는 경우가 많았다. 조극선도 수령이었던 이명준의 가르침을 받았으며, 그의 조언으로 박지계와 조익을 소개받았다. 조극선이 운이 좋았던 것은 박지계와 조익이 당시 충청도에 내려와서 지내고 있었기에 그들에게 가르침을 받을 수 있었다는 점이다.

조극선의 과거 응시 양상

생원진사시 응시 양상

조극선은 17세가 되던 1611년부터 1636년(인조 14) 42세까지 26년 동안 생원진사시 10회, 문과 17회, 총 27회와 유생 과시

번호	연도	종류	장소	시관	결과	비고
1	1611	식년 초시 (한성시)	서울 장악원	미상	낙방	–
2	1612	증광 초시	면천	도사 김대덕, 옥천군수 홍서익, 서원현감 이명준	낙방	세자 가례, 이어 경과
3	1613	증광 초시	부여	도사 김욱, 서원현감 이분, 직산현감 한인급	–	토역, 초장 파장
4	1614	식년 초시	옥천	경시관: 송극인 참시관: 해미현감 남탁, 비인현감 박언룡	입격	시(詩) 3등 13인
	1615	식년 회시	1소 성균관	예조판서 이이첨, 예조참판 남근, 사복시 정 김몽호, 교리 이정원, 시강원 문학 기윤헌	낙방	–
5	1615	증광 초시	석성	경시관: 조정립 참시관: 충원현감 정문익, 성환찰방 김광렬	–	공성왕후 부묘 경과 녹명관 회인현감 송경조
7	1617	증광 초시	한산	경시관: 목서흠 참시관: 서원현감 한효중, 충원현감 이경여	입격	추숭, 시호 올림, 의(疑) 2등 2인
		증광 회시	2소 동학	좌참찬 민몽룡, 지사 허균, 보덕 배대유, 교리 정준, 교리 이잠	낙방	–
9	1619	식년 초시	서천	경시관: 정홍원 참시관: 서천현감 이명, 평택현감 박선	낙방	–
11	1623	증광 초시	은진	도사 최시량, 서천군수 성준구, 서산군수 김성발	파방	인조 등극 증광
12	1623	식년 초시	당진	도사 이탁, 청주목사 김수현, 비인현감 이상겸	낙방	금난관 당진군수 심정익
13	1623	증광 초시	면천	도사 이탁, 비인현감 이상겸, 보령현감 전벽	낙방	인조 등극 증광개시(改試)

표 3 조극선의 생원진사시 응시 이력

인 정시 1회 등에 응시하였다. 그는 17세부터 29세까지는 생원진사시에 응시하였으나, 30세 이후로는 문과에만 응시하였다. 그는 10회의 생원진사시를 치르는 동안 1614년 식년 생원진사시 초시에서 진사시 3등 13인으로 입격하였고, 1617년 증광 생원진사시 초시에서 생원시 2등 2인으로 입격하였으나, 회시에서는 역부족이었다. 그가 생원진사시를 치른 13년 동안 시행된 생원진사시는 9회였다. 그런데 1623년 8월 증광 생원진사시 초시가 시행되었으나 파방되는 바람에 그해 윤10월 개시改試가 치러져서 13년 동안 생원진사시 초시는 10회가 시행되었다. 조극선은 12년간 시행된 모든 생원진사시에 응시하였다.

이처럼 생원진사시에 응시했던 조극선은 30세 이후에는 생원진사시에 전혀 응시하지 않았다. 그 이유는 무엇일까? 그의 일기에 의하면, 그는 1623년 지인들과의 모임에서 생원진사시에 대한 자신의 견해를 피력하였다. 그는 문과 급제는 나라에서 법으로 정해 그 길이 아니면 관원이 되어 바른 도道를 행할 수 없으니, 선비들이 과거에 매달리는 것이라고 여겼다. 그러나 생원진사시는 관원이 되어 바른 도를 행하는 것과는 무관하니, 굳이 응시하지 않아도 된다고 판단하였다(『인재일록』 1623년 6월 15일).

조선의 과거제도는 중국의 과거제도에 그 연원을 두고 있으나 실상은 다르게 운영되었다. 생원진사시를 치러 생원이나 진사를 획득하고, 그 자격으로 성균관에서 일정 기간 학업을 하여 원점 300점을 채워야 문과에 응시할 수 있다는 것은 학교와 과거제도가 연계되어 있다는 점에서 중국의 과거제와 유사하다. 그런데 조선에서는 성균관이 아닌 향교에 적이 있는 유학에게도 문과 응시의 길을 열어 두었다. 게다가 성균관의 원점이 적용되지 않는 각종 비정기시가 시행되기도 하였다. 조극선은 생원이나 진사가 아니더라도 문과 응시에 제한을 받지 않기에, 굳이 생원진사시에 응시할 이유가 없다고 여겼다.

이러한 견해를 보인 것이 비단 조극선만은 아니었다. 조선시대 문과 급제자의 문과 응시 당시 신분을 보면, 당시 사회적 분위기를 파악할 수 있다. 【표 4】를 보면, 15세기 전반과 16세기 전반에는 생원·진사의 직역으로 문과에 급제한 이들이 전체 문과 급제율의 60%가 넘었다. 그런데 15세기 후반과 16세기 후반에는 이들의 급제 점유율이 50% 미만으로 감소하였다. 15세기 후반에 생원·진사의 급제 점유율이 감소한 것은 전적으로 관직·관품 소지자의 문과 급제가 늘어났기 때문이다. 15세기 여러 차례 공신 책봉으로 인한 관직·관품 제수가 많았는데, 이들이 문과에 응시하여 급제하는 사례가 급증했기 때문이다. 16세기 후반에도 관품·관직 소지자의 점유율이 16세기 전반보다

시기 \ 전력		생원·진사	유학	관직·관품 소지자	기타	합계
15세기	전반	594(64.6%)	65(7.1%)	258(28.1%)	2(0.2%)	919
	후반	566(47.9%)	41(3.5%)	573(48.5%)	1(0.1%)	1,181
16세기	전반	830(68.9%)	174(14.5%)	200(16.6%)	0	1,204
	후반	610(47.9%)	256(20.1%)	406(31.9%)	2(0.2%)	1,274
17세기	전반	654(42.4%)	214(13.9%)	670(43.5%)	3(0.2%)	1,541
	후반	464(30.6%)	315(20.8%)	735(48.5%)	3(0.2%)	1,517
18세기	전반	395(23.3%)	652(38.6%)	637(37.7%)	5(0.3%)	1,689
	후반	467(22.8%)	1,031(50.4%)	547(26.7%)	0	2,045
19세기	전반	319(20.4%)	1,053(67.5%)	188(12%)	1(0.1%)	1,561
	후반	338(15.2%)	1,637(73.8%)	214(9.7%)	28(1.3%)	2,217
합계		5,237(34.6%)	5,438(35.9%)	4,428(29.2%)	45(0.3%)	15,148

표 4 세기별 문과 급제자 전력 분포

15% 정도 늘었고, 유학의 급제 점유율이 20%에 달하고 있다.

15세기에는 문과 급제자의 10% 미만이었던 유학이 16세기 전반에는 14.5%이었다가 후반기에는 20.1%에 달하였다. 17세기 전반 유학의 문과 급제 점유율은 6.2%가 떨어졌으나, 생원·진사의 문과 급제율이 그만큼 높아진 것은 아니다. 전란과 반정으로 공신이 양산되면서 관품·관직 소지자의 문과 급제율이 계속 증가세였기 때문이다. 유학의 문과 급제 점유율은 17세기 후반 이후 계속 증가하여 19세기 후반에는 70%에 이르렀다. 이처럼 관품·관직 소지자와 유학의 급제 점유율은 시간이 흐를수록 높아졌고, 반면에 생원·진사의 문과 급제 점유율은 낮아져 갔다. 17세기 전반에는 15, 16세기에 그랬던 것처럼 생원·진사의 문과 급제 점유율이 다시 높아지지 못하고 42.4%에 머물렀다. 17세기 전반 생원·진사의 문과 급제 점유율은 그 이전 시기와 비교할 때 가장 낮은 것이었으며, 그 이후로는 점점 떨어져 19세기 후반에는 15.2%까지 내려갔다. 생원·진사를 획득하지 않고 바로 문과에 응시하는 사례가 늘어 가는 사회적 분위기 속에서, 조극선과 같이 굳이 생원진사시를 볼 필요가 없다는 생각들이 점차 늘어 갔다.

게다가 1623년에 시행된 생원진사시 결과를 보면서, 조극선은 생원진사시를 더 이상 치르지 않겠다는 결심을 확고히 하게 되었다. 그해 10월, 당진에서 식년 생원진사시가 시행되었다. 그는 벗, 종형 등과 동접을 이루어 초시 초장인 진사시에 들어갔다. 그날 시제는 부賦와 시詩였다. 시험장에서 시험 문제가 계속 바뀌었는데, 부는 9번 수정되었고 시는 6번 수정되었다. 시험 문제가 확정되어 글을 짓기 시작했을 때는 시간이 이미 신시申時(오후 3시-오후 5시)였다. 동접 대부분이 시를 선택하였는데, 그는 부를 선택하였다. 그는 부의 제목이 여러차례 바뀌면서 날은 저물었는데 대강 지은 글을 정서하여 내기에는 마음에 차지 않아 정자익鄭子翼의 시지에 써서 제출하였다(『인재일록』 1623년 10월 24일). 종장인 생원시에서도 자신의 답안을 적어 내고, 동접했던 이들의 답안을 작성해 주기도 하였다. 시험이 끝난 지 4일 만에 방목이 나왔는데, 덕산에서 4명의 초시 입격자가 배출되었다. 조극선은 낙방하였지만, 입격자 중에 정자익도 끼어 있었다. 정자익은 조극선이 써준 부로 생원진사시 초시에 입격한 것이다(『인재일록』 1623년 10월 29일).

이해 윤10월에는 증광 생원진사시 초시 개시改試가 있었다. 인조가 반정으로 왕위에 오르자 인조의 등극을 축하하는 증광 생원진사시 초시가 8월에 있었는데, 여러 도에서 문제가 많아서 파방하고 윤10월에 다시 시험을 치르게 되었다. 충청우도의 시험 장소는 면천이었는데, 조극선의 서제庶弟 조위선趙爲善도 응시하였다. 조극선은 초장과 종장에서 자신의 답안을 작성한 후에 위선의 답안도 작성해 주었다(『인재일록』 1623년 윤10월 27일). 시험이 끝나고 4일 후에 면천 숙소의 주인이 이 시험의 입격자 소식을 가져왔는데, 조극선은 낙방하고 조위선이 생원진사시 초시에 입격하였다(『인재일록』 1623년 11월 1일).

조극선은 천명天命을 믿는 사람으로서, 자신의 답안으로 다른 사람은 입격하였는데, 정작 자신이 낙방한 것은 자신이 천명을 받지 못했기 때문이라고 하였다. 자신은 생원진사시를 치르고 싶지 않았으나 부친이 허락하지 않아서 어쩔 수 없이 시험을 치렀고, 최선을 다했으나 시험에서 떨어졌으니, 이것은 천명을 받지 못한 것이라고 판단하였다. 그래서 더 이상 과거를 치를 이유가 없으나 문과에는 부친을 위해서 응시하겠다고 결심하였다(『인재일록』 1623년 11월 1일).

문과 응시 양상

조극선은 22세가 되던 1616년부터 1636년까지 20년 동안 문과 17회와 유생 과시인 정시 1회에 응시하였다. 17회의 문과를 치르는 동안 1623년 증광 문과 초시, 1625년(인조 3) 별시 문과 초시, 1626년 식년 문과 초시, 1628년(인조 6) 별시 문과 초시, 1629년 식년 문과 초시, 1633년(인조 11) 증광 문과 초시, 1634년 별시 문과 초시 등 7번이나 초시에 입격하였으나, 문과 급제에는 이르지 못하였다. 그가 문과에 응시했던 20년 동안 시행된 시험은 식년 문과 4회, 증광시를 비롯한 비정기 문과 41회 등 45회이다. 41회의 비정기 문과 중에는 특정 지역민을 대상으로 한 지방 별시 문과가 4회, 중시重試 3회가 포함되어 있어, 조극선이 응시할 수 있었던 문과는 비정기 문과 35회, 식년 문과 4회, 총 39회였는데, 그중 43.6%에 해당하는 17회만 응시하였다.

그는 1625년 31세 때에 학행으로 천거되어 관직에 나갔는데, 그 이후에도 10회의 문과에 응시하였다. 그가 이렇듯 문과를 포기하지 못한 것은 우선 부친 조경진의 뜻에 부응하기 위한 것이었고, 문과 출신이어야만 청요직에 나갈 수 있으며 승진에도 제한을 덜 받을 수 있었기 때문일 것이다.

그의 문과 응시는 세 시기로 나눌 수 있다. 첫 번째 시기는 1616년부터 1620년(광해 12)까지이다. 이 시기는 아직 문과 응시 준비가 미흡했던 때로 제술 중심의 비정기시에 응시하였다. 그는 생원진사시에 주력하면서 기회가 될 때마다 시험 삼아 비정기시에 응시하였다. 두 번째 시기는 1623년부터 1629년(인조 7)까지이다. 이 시기는 조극선이 문과에 뜻을 두고 시험에 도전한 시기였다. 세 번째 시기는 1633년 이후로, 시험공부에 크게 관심을 두지 않던 때이다. 단지 집안과 친구의 권유에 못 이겨서 시험 준비도 거의 하지 않은 채 시험장에 들어갔는데도 초시에 3번이나 입격하였다.

그는 인조 때에 시행된 28회의 문과[37] 중 17회에 응시하였고, 1회는 유생 과시로서의 정시에 응시하였다. 조극선이 치렀던 문과를 정리하면 【표 5】와 같다. 표를 참조하면, 조극선은 네 종류의 문과에 응시하였다. 식년 문과는 경학經學에 밝아야만 입격할 수 있는 시험이다. 『경국대전』 「예전·식년 문과」 조에서는 초시 조장에서 사서삼경에 대한 의疑·의義·논論 중에서 2편을 짓게 했다. 경서 시험이긴 하나, 아는 바를 글로 짓게 하였다. 강서 시험은 회시 초장에서 이루어졌는데, 사서삼경을 강講하는 것이었다.[38]

16세기에 들어 비정기시가 증가하면서 제술 중심의 학업 풍조가 만연하자, 사풍士風을 진작시키기 위해서 별시의 회강이 도입되었다. 경학의 중요성이 부각되어 점차 식년 문과의 회시 초장의 강서 시험도 배강背講으로 하게 했는데, 『속대전』 「예전·식년 문과」 조에서는 회시 초장은 배강으로 한다는 규정이 명문화되기에 이르렀다.[39] 조극선은 두 번의 식년 문과 초시에 합격하였지만, 한 번만 회시에 응시하였다. 그는 서울에서 동몽교관으로 재임 중이던 1626년(인조 4) 식년 초시를 한성시로 치렀다(『야곡일록』 1626년 10월 4일). 그는 초장의 논 시험에서 삼상三上의 점수로 2등 7인으로 입격하였다(『야곡일록』 1626년 10월 11일). 그런데 종부시 주부로 자리를 옮기게 되면서 업무가 많아 경학을 공부할 시간이 없어서 회시를 포기하였다(『야곡일록』 1627년 1월 13일).

1629년 1월 조극선은 사직하고 고향으로 돌아와서 8월에

두 번째 식년 초시를 치렀다. 그는 임천林川에서 시행된 향시에서 논論을 지어 합격하였다(『야곡일록』 1629년 8월 20일, 8월 26일). 그는 1630년(인조 8) 2월에 있을 회시 준비를 위해 『시경』, 『서경』, 『주역』, 그리고 사서를 공부하였다. 실전처럼 심지를 뽑아서 암송하는 연습까지 하였으나, 회시 초장의 배강에서 고배를 마셨다.

식년 문과 회시의 초장에서 이루어지는 배강은 회시 응시를 위해 녹명할 때 행하는 고강과는 다르다. 녹명 시 행하는 고강은 전례강이라고도 하며, 녹명단자를 제출하고 고강에 임하였다. 이때 고강 시험은 3명의 시관과 1명의 감시관으로 구성되었다. 응시자의 이름을 부르면 들어가서 『경국대전』과 『가례』를 강하였다. 여기에 통과한 후에 회시 초장에 응시하였다.

회시 초장의 강서 시험 규정은 1552년(명종 7) 예조에서 올린 「구 과거사목」의 생원진사시·문과 회시 응행절목에 명시되어 있다. 인조 때에도 이 규정을 바탕으로 회시 초장 시험이 시행되었는데, 조극선의 일기에 그 상황들이 상세하게 묘사되어 있다.

회시 초장인 회강의 입문관은 사관四館이 담당하여 시소로 들여보냈는데, 응시자는 5명을 1대隊로 구성하여 막차幕次에서 기다렸다. 이때 사관이 응시자의 강지에다 자호字號를 적어주었는데, 시험 차례가 되면 이 자호를 호명했다. 차례가 되면

1명씩 시관이 있는 곳으로 들어가 시험을 치렀는데, 강경 시험관은 시관 3명, 참시관 4명 그리고 감시관 2명이었다(『야곡일록』 1630년 2월 29일).

<table>
<tr><th>번호</th><th>연도</th><th colspan="2">종류</th><th>장소</th><th>시관</th><th>결과</th><th>비고</th></tr>
<tr><td>1</td><td>1616</td><td colspan="2">별시 초시</td><td>태평관</td><td>시관: 이성의, 박홍구, 송일
참시관: 정도, 변응원, 황익중, 대간 임건, 정양윤</td><td>낙방</td><td>공성왕후 부묘 600관시(館試)</td></tr>
<tr><td>2</td><td>1617</td><td colspan="2">알성 문과</td><td>성균관</td><td>영상 기자헌, 대제학 이이첨, 승지 임취정(다 기록하지 못함)</td><td>낙방</td><td>글을 짓지 않고 나옴</td></tr>
<tr><td>3</td><td>1620</td><td colspan="2">별시 초시</td><td>서학</td><td>시관: 당상 이영, 윤훤, 배대유
참시관: 서국정, 윤성임, 박승길, 한윤겸</td><td>낙방</td><td>친경 600별시
(시소 서울 3소)</td></tr>
<tr><td rowspan="2">4</td><td>1623</td><td rowspan="2">증광</td><td>초시</td><td>서산</td><td>도사 이탁, 해미현감 박안제, 비인현감 이상겸</td><td>입격</td><td>인조 등극 경축 부(賦) 3등 6인</td></tr>
<tr><td>1624</td><td>회시</td><td>동학</td><td>시관: 이수광, 홍서봉, 유순익
참시관: 이명한, 이무, 이경석</td><td>낙방</td><td>–</td></tr>
<tr><td>5</td><td>1624</td><td colspan="2">친림 정시</td><td>공주</td><td>미상</td><td>낙방</td><td>이괄의 난으로 인조 피난</td></tr>
<tr><td>6</td><td>1624</td><td colspan="2">알성 문과</td><td>성균관</td><td>미상</td><td>낙방</td><td>–</td></tr>
<tr><td rowspan="2">7</td><td rowspan="2">1625</td><td rowspan="2">별시</td><td>초시</td><td>동학</td><td>시관: 이수광, 최명길, 이경직
참시관: 박정, 오윤해, 이소한</td><td>입격</td><td>대비 존호, 세자 입학과 관례 경축 600관시, 부(賦) 3등 26인</td></tr>
<tr><td>전시</td><td>숭정전</td><td>시관: 우의정 신흠, 박동선, 조희일, 목서흠, 이명한
참시관: 초유해, 김육, 조익</td><td>낙방</td><td>강경(중학)</td></tr>
<tr><td>8</td><td>1625</td><td colspan="2">정시</td><td>대궐</td><td>미상</td><td>낙방</td><td>유생 과시</td></tr>
</table>

9	1626	별시 초시		동학	시관: 당상 이상길, 윤의립, 김경징 참시관: 조박, 윤지경, 신계영, 홍명구, 대사헌 박동선, 사간 윤형언	낙방	세자 입학 600별시 부(賦) 차중(次中), 3등 26인
10	1626	식년	초시	태평관	교리 김세렴, 문학 김육, 수찬 이소한	입격	논(論) 삼상(三上), 2등 7인
			회시	미상	미상	–	미응시
11	1627	정시		대궐	미상	낙방	–
12	1628	별시	초시	공주	도사 홍서, 청주목사 김상, 옥천군수 이목	입격	세자 가례 600별시 논(論) 차하(次下), 3등 2인
			전시	숭정전	우상 김류, 장유, 정강경, 조찬한, 이준, 임효달, 조형	낙방	강경(서학)
13	1628	알성 문과		성균관	미상	낙방	–
14	1629	식년	초시	임천	도사 이고, 충원현감 이배원, 성환찰방 김연	입격	논(論)
	1630		회시	미상	당상 조희일, 조익, 정광경, 당하 이휴, 이행건	낙방	–
15	1629	별시 초시		한산	도사 이고, 성환찰방 김연, 결성현감 김상빈	낙방	–
16	1633	증광	초시	동학	정 이시직, 사예 임광, 좌랑 정태화	입격	논(論) 삼중(三中)
			회시	성균관	이조판서 최명길, 병조참판 이명, 형조참판 이성구, 이경의, 최연, 김모경, 허계	낙방	–
17	1634	별시	초시	동학	시관: 김신군, 김기종, 윤흔 참시관: 최연, 유성증, 구봉서, 박일성	입격	원종대왕 책봉 경축 600별시, 논(論) 이하(二下), 1등 4인
			전시	대궐	최명길, 김시양, 김광현, 이명한, 신득연, 이경의, 민광적, 조정호	낙방	강경(한성부)

표 5 조극선의 문과 응시 이력

초장에 입격하려면 7과목에서 모두 조粗 이상을 받아야 한다. 한 과목이라도 불통을 받으면 점수와 관계없이 탈락이다. 조극선은 삼경과 『대학』·『논어』·『중용』 등 6과목에서는 조를 받았다. 그런데 『맹자』 시험에서 시험관 7명 중 5명이 불통을 주었고, 2명이 조를 주어 종합점수가 불통이 되어 탈락했다(『야곡일록』 1630년 2월 30일, 3월 3일).

각 과목의 종합점수 산정 방식은 통通·약略·조 가운데 많은 시관이 준 점수를 따르고, 두 종류의 점수를 준 시관 인원이 같으면 낮은 점수에 따른다고 규정되어 있다. 예를 들면 7명의 시관이 3통 2략 2조의 점수를 주었다면, 종합점수는 많은 시관이 준 '통'을 받는다. 그런데 7명의 시관이 3통 3략 1조라는 점수를 주었다면 통을 준 시관의 인원과 약을 준 시관의 인원이 같으므로 종합점수는 낮은 점수를 따라 '약'이 된다.[40] 조극선은 회시 초장의 배강 시험을 위해서 사서삼경을 독서하는 데 나름대로 많은 시간을 할애하였지만, 배강 점수의 총점이 3점에 지나지 않았다. 그 시험에서 총점이 4점을 넘는 사람이 48명이나 되었고, 낙제한 사람은 15명이었는데, 그가 여기에 속했다(『야곡일록』 1630년 3월 3일).

인조 때에 조극선이 치른 비정기시는 증광 문과, 별시 문과, 알성 문과, 정시 등이었다. 비정기시의 시험 절차는 다양하였다. 증광 문과는 식년 문과같이 초시·회시·전시의 3단계 시험으로 이루어졌다. 별시 문과는 초시와 전시 2단계 시험이었다. 알성 문과와 유생 과시인 정시는 1번의 시험으로 당락이 갈리는 시험이었다.

조극선이 치른 증광 문과는 1623년 인조 등극 경축과 1633년 원종 추숭 경축 시험이었다. 그는 두 번의 증광 문과 초시에서 부와 논으로 입격하였다. 『대전회통』「예전·제과·증광 문과 복시」 조에 따르면, 증광 문과 초시 규정은 식년 문과와 같지만, 회시 규정은 식년 문과와 달랐다. 식년 문과 회시는 초장에 경서 시험이 있고, 증광 문과 회시는 초장과 종장이 모두 제술이었다.

그는 인조 때 6회의 별시 문과에 응시하여 2회의 초시에 합격하였다. 별시 문과는 초시와 전시 두 단계가 모두 제술로 구성되었다. 별시 문과 선발 방식은 초시에서 300명 혹은 600명을 선발하였다. 600명을 선발하는 경우 초시 시행 장소는 지방과 서울로 나누어 지방에서 300명, 서울에서 300명을 선발하기도 하고, 서울에서 시소 3개 장소로 정하여 시소마다 200명씩을 선발하기도 했다. 별시 문과 초시의 시행 장소나 선발 인원은 임금의 품지에 따라서 결정되었다.

조극선이 인조 때에 치른 별시 문과는 초시에서 600명씩을 선발하였다. 그는 5회의 별시 문과에서 3번이나 초시에 입격하였다. 5회의 별시 문과 초시는 서울과 지방으로 나누어 시험한 것이 4회이고, 서울에만 시소를 둔 것은 1회이다. 별시 문과 초시는 특별한 경우를 제외하고는 서울과 지방으로 나누어 시행된 것으로 보인다. 조극선은 지방과 서울에 분산 설치되는 별시 문과의 경우, 재임 중일 때를 제외하고는 서울까지 올라와서 응시하지 않았다.

조극선이 서울에서 치른 별시 초시는 1626년 왕세자 입학을 축하하는 별시 문과였다. 왕세자는 1625년에 이미 입학하여서 별시 문과도 그해에 치러지는 것이 마땅하였으나, 겨울이어서 이듬해 봄으로 연기되었다(『승정원일기』 인조 3년 10월 22일). 왕세자 입학 때에는 서울과 지방의 유생들이 왕세자 입학례를 보기 위해 서울로 올라와서 별시 문과를 시행한 것이기 때문에 서울에 시소가 마련되었다(『성종실록』 성종 18년 2월 17일). 왕세자 입학 경축처럼 서울에 유생들이 다 모일 때만 시소를 서울에 두었던 것 같다.

별시 문과 초시에 입격하여도 회강을 통과해야 전시에 응시할 수 있었다. 별시 회강은 1513년(중종 8) 중종이 유생이 경학을 소홀히 하는 폐단을 막기 위한 조처로 시행하기 시작한 것이다(『중종실록』 중종 8년 2월 17일). 중종이 정책적으로 내놓은 별시 회강은 항구적이지 않아서 1513년 이후에는 거의 적용되지 않았다(『중종실록』 중종 11년 5월 30일). 명종 때의 과거사목에도 별시에서의 강경은 시험 때마다 임금의 품지에 따르도록 규정을 완화시켰다(『명종실록』 명종 8년 6월 9일). 그러나 선조와 광해군 대를 거치면서 회강이 정례화된 것으로 추측되는데, 조극선이 별시 문과 초시에 입격했을 때마다 회강을 치른 것에서 별시 문과 회강이 정례화되었다는 것을 확인할 수 있다. 별시 문과 회강은 영조가 『속대전』 「예전·제과」 조에 명문화되었다.

별시 문과 회강은 전시 녹명 전에 이루어졌다. 왜냐하면 회강을 통해서 전시 응시 여부가 결정되었기 때문이었다. 별시 문과 회강과 전시 시험일의 간격은 일정하지 않았던 것 같다. 조극선의 경우를 보면 별시 문과 회강 후 짧게는 7일, 길면 16일 후에 전시가 열렸다. 별시 문과 회강의 결과가 전시 응시에 미치는 영향은 컸다. 예를 들면, 조극선이 치렀던 1634년 별시는 초시에서 600명을 선발하고, 회강을 거쳐 전시에 응시하였다. 이때 별시 전시에 응시한 사람이 251명이었으며, 답안을 제출한 사람은 243명이었다(『야곡일록』 1634년 3월 13일). 600명의 초시 입격자가 회강에서 절반 이상 낙방하여 전시에 251명이 응시하였다. 이처럼 회강이 별시 입격에 미치는 영향은 컸다. 그러므로 별시는 제술을 주로 하는 시험이긴 하나 경학도 일정

수준 갖추어져 있어야 입격할 수 있었다.

별시 문과 회강도 시험 절차는 식년 문과 회시 초장의 회강과 동일하며, 시관도 역시 상시관 3명, 참시관 4명, 감시관 대간 2명 등이었다(『야곡일록』 1625년 8월 12일). 그러나 식년 문과 회시 초장의 회강과는 달리 시험 과목이 적고 서책을 선택할 수도 있었다. 즉 오경은 『서경』·『시경』·『주역』 삼경 중에서 응시자가 원하는 서책을 선택하고, 사서는 심지를 뽑아 나온 서책을 배강하였다.[41] 그러므로 식년 문과의 회강보다는 부담이 훨씬 적었다. 조극선이 3번의 별시 회강에서 시험을 치른 서책은 삼경 중에서 항상 『서경』을 선택하였으나, 사서 중에서는 『중용』·『맹자』·『논어』 등 고루 심지가 뽑혔다. 그러므로 별시 회강은 사서 중심으로 공부하면 승산이 있었다.

조극선은 3회의 별시 문과 초시에 입격하여 회강을 거쳐 전시를 치렀지만 책문에서 좌절되었다. 1625년, 대비의 존호를 올리고, 세자 관례와 책례를 경축하는 별시 문과의 전시에서 출제된 책문에 대한 답안을 다 작성하지 못하고 나왔다(『야곡일록』 1625년 8월 24일). 1628년, 왕세자 가례를 경축하는 별시 문과 전시에서의 책문에 대한 답안은 제출했으나 낙방하였다. 마지막으로 1634년(인조 12), 원종대왕의 책봉 경축 별시 문과 전시에서는 책문의 답안이 마음에 들지 않아서 제출하려 하지 않으려고

까지 하였다(『야곡일록』 1634년 3월 11일).

그는 10대에는 글쓰기에 능해서 촉망받았으나, 경학에 치중하면서 제술을 연습할 시간이 많지 않았다. 경학 공부가 무르익으면서 식년 문과와 증광 문과 초시에서는 논으로 입격하였으며, 별시 문과는 논이나 부로 입격하였다. 회시에 응시해야만 지을 기회가 주어지는 표表나 대책對策은 그에게 익숙하지 않은 글쓰기여서 한 번도 자신이 만족할 만한 답안을 제출하지 못하였다.

조극선은 1회의 시험으로 당락이 결정되는 알성 문과에 총 3회, 그리고 정시에 2회 응시하였다. 알성 문과는 1414년(태종 14)에 처음 시행되었는데(『태종실록』 태종 14년 7월 11일, 태종 14년 7월 17일), 임금이 성균관의 문묘에 전작례奠酌禮를 행한 후에 성균관에서 시행하였다. 알성 문과는 유생은 물론 3품 이하의 현직 관원과 6품 이상의 전함관前銜官도 응시할 수 있었다(『세종실록』 세종 16년 3월 4일). 조극선이 문과에 응시했던 1616-1634년 사이에 시행된 알성 문과는 광해군 때 4회와 인조 때에 4회 총 8회가 시행되었다. 그는 광해군 때에 1회, 인조 때에 2회 등 총 3회의 시험에만 응시하였다. 정시도 이와 유사하여서 조극선이 응시하지 않은 정시도 많았다.

그는 1회의 제술 시험으로 당락이 갈리는 알성 문과와 정시에서 답안 제출이 부진하였는데, 짧은 시간 내에 익숙하지 않은 제술로 답안을 작성하는 것이 그에게는 어려운 일이었던 것 같다. 5회의 알성 문과와 정시에서 시험 과목으로 표가 출제된 것이 4회였다. 조극선은 1624년 정시와 알성 문과에서는 표문을 전혀 공부한 적이 없어 답안을 제출하지 못하였다고 고백하였다(『야곡일록』 1624년 2월 16일, 10월 19일). 표문은 지방의 유생들보다는 서울 유생들에게 유리한 과목이었다. 1624년 알성 문과에서 입격한 4명은 모두 서울 거주자였다는 것만 보아도 알 수 있다.[42]

알성 문과와 정시의 시험 과목이 조극선에게 익숙하지 않기도 했지만, 답안 작성 시간도 짧아서 답안 작성이 용이하지 않았다. 1627년의 정시 같은 경우는 진시(오전 7-오전 9시)에 시험 문제가 출제되어 오시(오전 11시-오후 1시)에 마쳤으니 최대한 길게 잡아도 6시간이다. 그는 답안을 다 작성하지 못하고 답안을 제출하였다(『야곡일록』 1627년 7월 29일). 1625년의 정시 같은 경우도 그는 시간에 쫓겨서 대책문을 완성하지 못했다. 그는 평소에 제술을 익히지 않아서 좋은 시제인데도 말하고자 하는 뜻을 다 펼치지 못한 것을 애석하게 여겼다. 알성 문과나 정시와 같이 1회의 제술로 당락이 결정되고 답안 작성 시간이 오시나 미시(오후 1시-오후 3시)로 한정되는 시험에서는 어떠한 시제라도 답안을 작성할 준비가 되어 있는 유생이라야 입격할 수 있었다.

조극선은 경서 공부에 열중하여 초시에는 여러 번 입격하였지만, 다양한 문체의 제술을 연습하고 익힐 기회를 갖지 못하였다. 더욱이 성리학에 대한 이해가 깊어지면서 제술을 경시하는 경향도 있었다. 조극선은 제술의 벽을 넘지 못하여 출세의 사다리에 오르지 못하였다.

3

충청도 홍주 생원 수촌 조세환[43]

조세환의 가계

조세환趙世煥(1615-1683)은 충청도 홍주洪州의 사족으로, 자는 의망疑望, 호는 수촌樹村, 본관은 임천林川이다. 그의 일족이 홍주에 거주하게 된 것은 1602년(선조 35) 겨울이었다. 그의 조부 조인현趙仁賢이 양모養母를 뵈러 가족을 데리고 홍주에 갔다가 숙병으로 그곳에서 사망하자,[44] 조인현의 아내 여흥 민씨는 어린 자식 4명을 거느리고 홍주 지곡촌紙谷村에 정착하였다.[45]

홍주 지곡촌에는 조인현의 양모 청주 한씨의 부친인 한수량韓守良의 별서別墅가 있었다. 한수량은 평해군수 한탁韓倬의 아들로, 병조판서 청양군 한치의韓致義(1440-1473)의 손자이며, 좌의정 한확韓確(1400-1456)의 증손이다. 그는 서울 건천동에 살며 14명의 자녀를 두었는데, 그중 12명이 사망하자 나머지 두 딸을 데리고 별서인 홍주 지곡촌으로 갔다. 두 딸 중 하나가 조세환의 증조부인 조장趙璋과 혼인하였는데, 그가 신혼 시절 병을 얻어 서울로 돌아가지 못하고 사망하여 그대로 지곡에 장사를 지냈다. 그래서 그의 부친 조응침趙應枕이 셋째 아들 조성趙珹의 아들인 조인현을 그의 양자로 삼아 적장자의 계통을 잇게 하였다(『조세환일기』 1648년 5월 5일). 이에 조인현은 홍주와 서울의 생가를 왕래하며 두 모친을 모시다가 31세의 젊은 나이에 사망하였다.

조세환의 선대는 누대에 걸쳐 서울에 거주하였다. 조세환의 6대조 조원경趙元卿은 진사로서 1466년(세조 12) 알성 문과에 급제하여 성균관 사성을 지냈다. 5대조 조익趙翊(1474-1547)은 1495년(연산 1) 생원진사시에 입격하여 생원이 되었고, 1504년(연산 10) 문과에 급제하여 군자감 정正을 지냈다. 고조부 조응침은 무과에 급제하여 구성龜城도호부사를 지냈다. 5대조 조익은 5남을 두었는데 장남 조응겸, 삼남 조응공이 문과에 급제하여 관직에 진출하였고, 차남 조응순, 사남 조응침이 무과에 입격하여 관직을 지냈다. 오남 조응관은 본인이 관직에 진출하지는 못했으나 그의 자손 대에는 지속적으로 과거에 입격하여 관직에 진출하였다.

다만 조세환의 증조부 조장, 생증조부 조성은 모두 일찍 사망하여 관직에 진출하지 못했다. 그의 조부인 조인현은 서울 북부 순화방에 있는 외가에서 태어났다. 그는 학문에 재능이 있었고, 월정月汀 윤근수尹根壽(1537-1616)의 문하에서 수학하였다. 우계牛溪 성혼成渾(1535-1598)도 그의 일기에 조인현에 대해 행실이 돈독하고 박학한 선비라고 기록할 정도였다. 장래가 촉망되었던 조인현은 성혼의 문하에서 공부하였던 평난공신 여양군 민인백閔仁伯(1552-1626)의 딸과 혼인하게 되었다. 민인백은 감찰 정희린鄭姬隣의 딸과 혼인하여 2남 4녀를 두었다. 장녀는 곽천주郭天柱, 차녀는 조인현, 삼녀는 첨지 정종해鄭宗海, 사녀는 승지 유충립柳忠立(1572-?)과 혼인하였다.[46]

조인현은 여흥 민씨와의 사이에서 확確, 석碩, 욱礇, 숙礵 등 4남을 두었지만 31세에 사망하여 입신양명의 뜻을 이루지 못하였다. 그의 맏아들 확은 19세에 사망하여 둘째 아들 석이 실질적인 장자가 되었다. 조인현이 31세에 사망하자, 그의 아내 민씨는 아들 석을 서울로 보내며 입신하여 집안을 일으키도록 당부하였다. 조석은 14세에 삼척부사로 부임한 외조부를 따라가 죽서루부竹西樓賦를 지어 외조부에게 크게 칭찬받았을 정도로 문장이 뛰어났다. 그는 공신이었던 외조부 덕택으로 함경도 영흥의 준원전 참봉이 되었지만 그곳에서 수토병을 얻어 관직을 버리고 돌아왔다. 그는 함경도에서 얻은 병이 고질이 되어 33세에 사망하였다. 그는 토정土亭 이지함李之菡(1517-1578)의 증손 이처인李處仁의 딸과 혼인하여 1남 4녀를 두었는데, 1남이 조세환이었다.

조세환은 13세에 부친을 잃었기에 어려서부터 계숙季叔인 조숙에게 글을 배웠다. 조세환은 그의 일기에서 계숙과 자신의 관계를 아버지와 아들의 처지에 있고, 스승과 제자의 의리가 있으며, 형제의 정이 있다고(『조세환일기』 1651년 11월 11일) 표현할 정도로 계숙에 대한 정이 남달랐다. 그는 총명하여 15세에 『문선』의 부를 공부하였고(『조세환일기』 1649년 7월 9일), 19세가 된 1633년 증광 생원진사시에서 생원 2등 15위로 입격하였다.[47] 그는 병자호란 이후 삼전도에서 인조가 항복한 사건과 북경이 함락되어 명의 신종이 사망한 것에 실망하여 관직을 포기하고 농사를 지으며 증조모·조모, 그리고 모친을 봉양하였다. 그런데 조모 민씨가 그에게 집안이 이렇게 기울었는데 네가 입신양명을 포기하니 더 이상 희망이 없다고 탄식하자, 조모의 뜻을 받들어 다시 과거 응시에 나서 문과에 급제하였다고 한다.[48]

당대에 박학한 선비로 인정받았던 조부 조인현과 문장에 능하다고 이름났던 부친 조석은 일찍 사망하였고, 조석의 아우인 조욱은 형을 대신해 집안을 돌보느라 중년에 과거시험 공부를 포기했다. 막내 조숙은 외조부 여양군에게 집안을 일으킬 손자로 지목받을 정도로 명민하였고 독서도 열심히 했으나 과거에 실패하였나. 게다가 조숙은 1645년(인조 23) 44세의 나이에 사망하여 꿈을 이루지 못했다. 조모 민씨는 물론 조세환의 숙부 역시도 집안을 일으킬 사람은 조세환뿐이라고 생각해서 그가 학문에만 힘쓰도록 물심양면으로 도왔다. 조욱은 조세환의 두 딸 혼인을 도맡아 치러 주었고, 조숙은 조카가 학업에 집중하도록 견책할 뿐만 아니라 경제 기반을 갖출 수 있게 도움을 주었다.[49]

그는 1645년에 계숙이 사망하고, 1650년(효종 1)에 조모가 사망하며, 1652년(효종 2)에는 모친이 사망하는 등의 일이 이어지자 집안을 일으켜야 한다는 책임감으로 더욱 시험공부에 몰두하였고, 이에 따라 과거 응시 양상도 달라졌다. 1654년 이전에는 각종 문과에만 응시했지만, 그 이후로는 각종 문과는 물론이고, 서울에서 지내면서 전강, 절제 등 유생 과시에도 응시하였다. 결국 그는 1655년(효종 6) 유생 전강에서 2분의 점수를 받아 1657년 정묘 식년 문과 회시에 바로 응시했고, 전시에서 갑과 3등으로 급제하였다.

유생 과시를 치르기 위해서는 성균관에 기거하든지 아니면 반촌에서 지내면서 식당 도기를 채워야 한다. 생원이 된 지 이미 오랜 세월이 흐른 조세환은 서울에 머물면서 식당 도기를 채

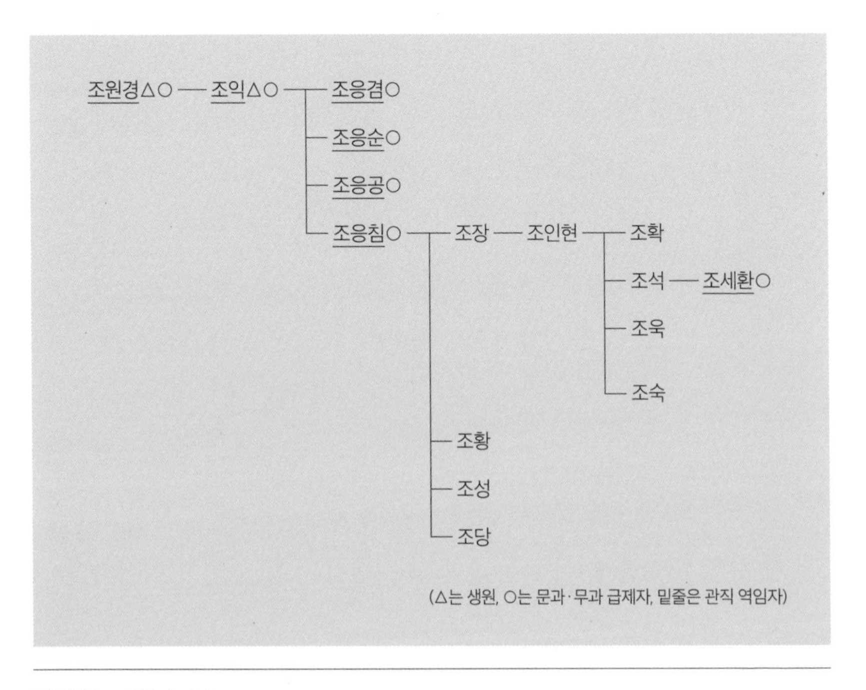

그림 5 조세환의 가계도

워야 했다. 그런데 그에게는 서울 장의동에 종조부 집안이 있었고, 찾아가서 인사드릴 만한 인척들도 있었다. 특히 인척은 조선시대의 명문거족 출신이었다.

이미 살펴보았듯이 조세환의 집안이 홍주에 정착하게 된 것은 인수대비의 가문인 외고조부의 별서가 그곳에 있었기 때문이었다. 생외고조부 역시 광해군의 장인과 사촌지간인 명문 가문 출신이었다. 그의 외증조부도 공신이었으며, 외조부는 토정 이지함의 증손이었다. 조세환 역시 김의행의 사위가 되어 『선원록』의 성종대왕의 5녀 경숙옹주(부마 여천위 민자방) 자손록에 이름이 등재되었다.[50]

조세환의 가문은 특히 여흥 민씨와 인연이 깊었다. 그의 조부는 물론이고, 5대조 조익 역시 여흥 민씨 민휘閔暉(1450-1505)의 딸과 혼인하였다. 조세환이 여천위 민자방閔子芳의 외손과 혼인한 것도 조모의 영향이었다. 조세환의 조모 민씨는 그의 생증조모 집안과도 사돈 관계에 있었다. 그녀의 막냇누이가 유충립과 혼인하여 광해군의 장인 유자신柳自新(1541-1612)의 손자며느리가 되었는데, 유충립은 생증조모와는 7촌 지간이 된다. 그러므로 조세환은 조모 집안과 생증조모의 집안을 각별하게 여겨 그가 상경할 때마다 이들 집안에 찾아갔다.

조세환이 홍주에서 가까이 지낸 척족으로는 온양 정씨인 정우경 집안, 밀양 박씨 박승휴朴承休(1606-1659) 집안 등이 있다. 정우경은 조세환의 부친을 부모에게 효성스럽고 형제에게 우애있으며 종족과 화목하게 지내고 자신보다 다른 이들의 어려움을 먼저 생각하는 사람으로 평가하였다.[51] 정우경 형제는 1648년(인조 26) 무자 식년 문과 향시에서 조세환과 동접하기도 하였다. 조세환은 정우경과의 인연으로 서울에 있는 그의 재종형인 동명東溟 정두경鄭斗卿(1597-1673)에게 부친의 묘갈명을 부탁하였다(『조세환일기』 1651년 8월 11일). 박승휴는 1650년 증광 문과에 급제하기 전까지는 조세환과 함께 과거시험을 치르러 다녔다. 박승휴가 관직에 나간 후에는 조세환이 상경하였을 때 만났으며, 박승헌朴承憲의 아들 박자진朴自振과도 교류가 잦았다. 조세환은 홍주에서만이 아니라 상경하여서도 이들 집안과 왕래하며 지냈다. 조세환은 상경하여도 의지할 만한 친인척이 없는 한미한 가문의 지방 유생과는 달랐다. 그는 서울에 왕래가 잦은 친인척이 있었고, 그들 중에는 관직에 있는 이들이 있어서 조세환에게 조정의 분위기나 시험 정보들을 전해 주었다.

조세환의 성균관 과시 응시와 시험공부

조세환은 10년 동안 8회의 각종 문과에 응시하였다. 그는 1회의 제술 시험으로 당락을 결정하는 정시 문과에서는 낙방하였고, 식년 문과와 별시 문과의 경우 초시에서는 모두 입격하였지만 회시 혹은 전시의 문턱을 넘지 못하였다. 그는 문과 급제를 위해 직부直赴의 특전이 주어지는 유생 과시에도 적극적으로 응시하였다.

번호	연도	종류	장소	시관	결과	비고
1	1654년 6월	전강	선정전	고관: 김중경, 채유후 참고관: 정지화, 심지한, 이연년, 이만영[52]	낙방	효종 친림 불(不)
2	1655년 1월	인일제	성균관	대제학 채유후, 대사성 김익희 좌승지 김좌명[53]	낙방	시험 과목 부
3	1655년 1월	황감제	성균관	대제학 채유후, 대사성 김익희 도승지 이행진[54]	낙방	시험 과목 표
4	1655년 2월	전강	인정전	미상	입격	『주역』 약(略) 2분(分)

표 6 조세환의 유생 과시 응시 실태

조세환이 성균관과 사학 유생을 대상으로 하는 유생 과시에 응시할 수 있었던 것은 그가 생원이었기 때문이었다. 현전하는 일기에서 그가 유생 과시에 응시한 것은 1654년(효종 5) 6월 전강이 처음이었다. 유생 전강은 조선 전기부터 있었고 직부의 특전도 주어졌지만, 정례화되지 않았다가 17세기 인조 때에 절제節製와 함께 직부의 특전이 주어지는 유생 과시로 정례화되었다.[55] 유생 전강은 2월, 4월, 6월, 10월, 12월 등 짝수 달 15일에 시행되었는데, 임금의 품지에 따라 시행 여부가 결정되었다. 유생 전강의 응시 대상은 전강 시행에 대한 임금의 허락이 내려지면 승정원에서 성균관으로 감결을 보낸다. 성균관 장무관은 그날 저녁 식당 도기로 명단을 작성하였다.[56] 『태학지』에도 서울

유생이든 지방 유생이든 그 당시 성균관과 사학에 있었던 유생이 응시 대상이라고 하였다.[57]

지방 유생의 전강 응시 실태는 어떠하였을까? 전강 응시자 명단을 확인할 수 없어서 지방 유생의 전강 응시 실태를 상세히 알 수는 없지만, 은사恩賜 수혜자를 대상으로 그 대강을 알 수 있다. 1623년의 전강부터 조세환이 마지막으로 응시했던 1655년의 전강까지 34년 동안 전강에서 직부, 점수, 물품 등의 은사를 받은 생원·진사는 122명인데, 그중 지방 거주자가 62명으로 50.8%에 달한다. 지방 거주 생원·진사가 모두 성균관에 계속 기거했다고 보기는 어렵다. 이들이 생원진사시에 입격하여 성균관에 기거하면서 관시館試를 준비하는 기간은 다음 식년에 생원진사시 입격자가 배출되기까지의 3년 동안이었을 가능성이 높다.[58]

지방 거주자로 생원진사시에 입격한 그해부터 3년 내에 전강에 응시하여 수혜를 입은 생원·진사는 122명 중 17명으로, 13.9%에 지나지 않는다. 생원진사시에 입격한 지 4년 이상 되는 지방 거주 생원·진사가 86.1%가 되며, 이 중에는 생원진사시에 입격하고 10년이 넘어서 전강에서 은사 수혜를 입은 경우가 21명으로 17.2%나 된다. 17세기 전반 유생 전강 은사 수혜자 중에 지방 거주 생원·진사는 50%가 넘는데, 그들의 86.1%가 생원진사시에 입격한 지 4년 이상 된 이들이다. 이들이 삶의 터전을 두고 계속 서울에 머물고 있기는 어려웠을 것이다. 이들 역시 조세환처럼 때때로 서울에 올라와 반촌에 숙소를 정하고 성균관에 드나들며 전강에 낙점받았을 것으로 추정된다.

『태학성전』에 나와 있는 유생 전강 절차를 보면, 먼저 해당 달 11일에 승정원에서 임금에게 품지를 받게 되면, 성균관에 감결을 보낸다. 성균관의 장리掌吏가 당상관에게 보고하면, 장무관은 당일 저녁 식당 도기를 보고 나이순으로 명단을 만든다. 사학에서도 거재 유생 5명씩을 적는다. 12일이나 13일에 생원·진사, 성균관 하재생, 사학 유생 순으로 정리한 단자를 승정원에 올린다. 승정원에서는 임금에게 전강단자를 올려 생원·진사 5명, 하재 1명, 사학 각 1명을 낙점받는다. 낙점받은 유생들은 흑단령을 입고 대궐 앞에서 기다리다 문이 열리면 들어가서 대기하다가 시험에 임한다.[59]

유생 전강은 임금이 참석하는 친림 전강과 임금이 지명한 시관인 명관命官이 주관하는 전강으로 나뉜다. 임금이 친림하지 않을 때는 삼정승 중에 1명이 명관으로 참석하고, 독권관 2명, 참고관 4명으로 구성된다. 독권관이 권첨卷籤을 내놓고 대문大文의 장첨長籤을 내놓으면, 주서가 강할 서책을 시관에게 두루 알린다. 강할 유생들은 순서에 따라 강소에 나아와 배강하며, 점수는 주서가 찌를 거두어 북향하여 외치면 배강한 유생은 강한 책에 점수를 기록하고 나온다. 임금이 친림했을 때의 은사는 순통純通은 직부 전시, 통通은 직부 회시, 약略은 1분, 조粗는 지필묵 등이다. 반면 명관이 시험한 경우의 은사는 순통은 직부 회시, 통은 2분, 약은 1분, 조는 지필묵 등으로 임금이 친림했을 때보다는 은사의 등급이 낮았다.

조세환은 1654년 갑오 식년 문과 초시에 입격하고 난 후에 상경하였다. 회시는 9월로 예정되어 있었는데, 그는 4월 8일에 출발하여 4월 11일에 서울에 도착하였다. 그가 일찍 상경한 것은 반촌에 머물며 성균관에 드나들면서 원점을 획득하기 위한 것으로 여겨진다. 그는 장의동 친족의 집에 들렀다가 숙소를 따로 정하여 지냈는데, 5월에는 반촌으로 숙소를 옮겼다. 6월 9일 그가 성균관에 들어갔을 때 마침 내척간內擲奸이 행해졌다(『조세환일기』 1654년 6월 9일). 그가 내척간이 있던 날 성균관에 들어갔던 것은 궐내의 소식을 미리 알았을 가능성이 있다. 6월 8일 선전관 민련閔堜이 조세환의 숙소에 들렀다(『조세환일기』 1654년 6월 8일). 민련은 조모 민씨의 조카로서 조세환에게는 척숙이 되는데, 무과 출신 선전관이었다. 그는 유생 전강에 대해 관여할 위치에 있지는 않았지만 궐내의 상황이나 정보를 조세환에게 알려 줄 수는 있었다.

사실 이해에는 4월 15일에 유생 전강을 하려 했으나, 국기일과 겹쳐서 시행하지 못하였다(『승정원일기』 효종 5년 4월 12일). 그 후 효종은 6월에 있을 유생 전강에는 친림하겠다고 하였다(『승정원일기』 효종 5년 4월 18일). 승정원에서는 15일에 있을 유생 전강이 포폄문서를 열어 보는 날과 겹치므로 시행하기 어렵다고 보고를 올렸으나, 효종은 유생 전강을 16일로 미루어 시행하겠다고 하였다(『승정원일기』 효종 5년 6월 11일). 효종은 친림하겠다고 공언한 유생 전강이 6월 정기 관원의 포폄과 겹친다는 것을 알고 있어서 미루어 치를 계획을 하고 9일에 유생 척간을 실시한 것이 아닌가 한다. 『태학성전』에는 해당 달 11일에 승정원에서 임금의 품지를 받아 척간이 이루어지고 명단이 작성된다고 하였는데, 『승정원일기』의 인조와 효종 때 기사를 참조하면, 유생 척간은 대개 전강이 있는 달 10일 전후로 이루어지고 있었다.

조세환은 6월 13일에 자신이 낙점에 들었음을 알게 되었다(『조세환일기』 1654년 6월 13일). 조세환은 16일 일찍 대궐 앞으로 가서 대령했으나, 이날 효종의 건강상 문제로 전강이 18일로 미루어졌다(『조세환일기』 1654년 6월 18일). 18일 전강에서 그에게 주어진 대문大文은 『주역』 「계사하繫辭下」의 "세상의 일을 보면 귀결점은 같은데 가는 길이 다르고, 모두 하나로 돌아가는데 생각은 가지각색이다(天下同歸而殊塗 一致而百慮)"라는 것이었는데, '불不'을 받았다. 이날의 성적은 1등 생원 이수항李守恒 직부 전시, 생원 한정일韓井一, 진사 안후창安後昌·여성제呂聖齊는 각기 2분씩, 유학 구인희具仁熙 1분, 진사 이당규李堂揆는 종이 5권과 붓 5자루, 먹 5정丁을 받았다(『승정원일기』 효종 5년 6월 18일). 10명의 응강 유생 중 6명이 각종 은사를 입었고, 4명은 '불'을 받았다.

전강의 은사는 배강한 점수에 따라 주어지는 것이므로, 은사 수혜 인원이 일정하지 않았다. 적게는 2명에서 많게는 22명까지 다양하지만, 평균적으로 5-6명이 은전을 받았다. 통상적으로 임금이 친림하였을 경우 은사 등급은 직부 전시, 직부 회시, 1분, 지필묵 등으로 나뉘는데, 1654년 6월 전강의 은사는 직부 전시, 2분, 1분, 지필묵 등이 하사되었다. 생원 한정일 등 3명에게 2분이 주어진 것은 이들이 배강 과목으로 『주역』을 선택하여 점수가 배가 되었기 때문이다.

17세기의 친림 전강은 효종 때에 처음 시행되었다. 17세기 각 왕대별 친림 전강의 횟수는 효종 1회, 현종 1회, 숙종 7회 등이다.[60] 효종 때에 시작된 친림 전강이 숙종 때에 자주 시행되어서 전강을 통해 직부 전시를 받는 이들이 늘어 갔다. 1654년 6월 전강에 효종이 친림하기 전에는 17세기 전강에서 직부 전시를 받은 이는 없었다. 그러나 숙종 때 친림 전강이 늘고 여러 명이 직부 전시를 하사받는 일까지 있어(『승정원일기』 숙종 28년 12월

16일), 유생 전강으로 직부 전시를 받는 유생이 많아졌다.

직부 전시를 제외한 은사로 문과에 급제하기는 쉽지는 않았다. 『태학성전』 「식례·선강」 조에 따르면 은사로 받은 직부 전시, 직부 회시, 점수 등은 다음 식년 문과에 적용되었다. 직부 전시를 받은 유생은 은사로 문과에 급제한 것이었으나 급제 등위를 정하는 식년 문과 전시에 응시해야 했다. 직부 회시와 2분을 받은 경우는 초시를 면제받고 회시에 응시할 수 있었다. 1분을 받은 유생은 식년 문과 초시를 한성시로 치르게 하는데, 사관四館의 관원을 보내서 이들을 따로 불러서 제술 시험을 보게 하여 초시의 당락을 결정하였다. 은사 수혜자들은 직부 전시가 아니고서는 은사를 받고도 다음 식년 문과에 급제하기가 쉽지 않았다. 그럼에도 은전의 등급과 문과 급제 점유율이 비례하기 때문에, 좋은 등급의 은사를 받기 위해서 계속 전강에 응시하는 유생들이 있었다. 조세환 역시 이러한 사실을 알고 있기에 1654년 6월 직부 전시를 받을 수 있는 친림 전강에 들어가게 된 것을 '천재일우千載一遇의 기회'라고 표현했다. 그는 비록 친림 전강에서 '불'을 받긴 했으나, 유생 과시를 포기하지 않았다.

그는 1654년 가을 갑오 식년 문과 회시에 낙방하고 고향으로 돌아갔다가, 그해 11월 22일 가족까지 데리고 서울에 올라와 일단은 청파동에 거처를 정하였다. 그는 거의 한 달 동안 집안을 돌보고 나서 12월 22일에 처음 성균관에 들어가 친분이 있는 박자진朴自振, 윤변尹忭, 이창래李昌來, 이회李茴, 안시철安時哲 등 여러 생원과 진사를 만났고 식당에도 들렀다. 그는 반촌에 별도로 숙소를 정하고 성균관에 드나들며 식당 도기를 채웠다. 조세환은 1655년 1월 5일부터 21일까지 거의 성균관에서 머물렀는데, 이것은 1월 7일 시행되는 인일제人日製와 황감제를 위한 것이었다.

『태학성전』에 의거하면, 17세기 성균관의 절일제와 황감제의 응시 자격자는 성균관의 거재 유생과 방외 유생이었다. 방외 유생은 거재 유생과 대비되는 용어로서 성균관 상·하재 유생 이외에 성균관 절일제와 황감제에 응시할 자격이 있는 자로, 사학생四學生이나 성균관에 거재하지 않으나 성균관의 과시에 응시할 수 있는 유생이다.[61] 임금이 하사한 황감을 받는 의례나 절일제 의례를 보면 성균관 거재 유생이 방외 유생보다 우선하는데, 이것은 유생 과시가 성균관 거재 유생을 위한 것이었기 때문이다.

임금이 하사한 황감의 경우 거재 유생은 1개씩 지급되나, 방외 유생은 4분의 1쪽씩 지급되어 차별을 두었다.[62] 절일제 의례에서는 상·하재의 유생들이 뜰에 나와 읍揖을 한 후에 문을 열어서 방외 유생을 들어오게 한다. 거재 유생이 앞에서 반班을 이루고, 방외 유생은 그 뒤쪽에 반을 이루어 북향하여 차례로 서서 정읍례庭揖禮를 하고 시험장으로 들어간다.[63]

조세환은 인일제가 있기 이틀 전인 1월 5일부터 성균관에서 지냈다. 인일제는 원래 1월 7일에 시행되는데, 하루가 연기되어 1월 8일에 있었다. 인일제의 시험 과목은 부賦로, 시제는 '시를 초당草堂에 부치다(詩寄草堂)'였다(『조세환일기』 1655년 1월 8일). 인일제 방은 다음 날 나왔으며, 서문상徐文尙이 1등으로 직부 회시를 하사받았다(『조세환일기』 1655년 1월 9일). 18일에는 황감을 하사받고 황감제를 치렀는데, 과목은 표로, 시제는 '동한東漢의 진총陳寵이 번거롭고 까다로운 정사를 없애기를 청하여 모든 백성을 구제하였다(東漢陳寵 請蕩滌煩苛之政 以濟群生)'였다(『조세환일기』 1655년 1월 18일). 황감제 방도 다음 날 나왔는데, 서얼 이명빈李明彬이 1등으로 직부 전시를 하사받았다(『조세환일기』 1655년 1월 19일).

그는 황감제 방이 나온 1월 19일에 성균관에서 나왔다가 다시 2월 10일부터 반촌에서 지냈다. 2월 11일, 승정원에서는 15일로 예정된 유생 전강에 대해 품지를 받았다(『승정원일기』 효종 6년 2월 11일). 그가 2월 15일 전강에 들어간 것을 보면, 반촌에서 지내면서 식당 도기를 챙겨서 전강단자에 이름이 오른 것 같다. 이 전강에서 유학 이국상李國祥은 『맹자』에서 '통'을 받아 직부 회시를, 생원 조세환, 진사 한빈翰彬·이구징李耉徵은 『주역』에서

'약'을 받아 2분을, 진사 이영협李英韐은 『시전』에서 '약'을 받고, 유학 김익金釴은 『맹자』에서 '약'을 받아 1분을 하사받았다(『조세환일기』 2월 15일; 『승정원일기』 효종 6년 2월 11일). 2분을 받았던 진사 한빈과 이구징은 조세환과 비슷한 상황이었다. 한빈은 목천 거주자로 진사가 된 지 9년이 되었고, 이구징은 경주 거주자로 진사가 된 지 16년이나 되었다. 이처럼 생원진사시에 입격한 지가 오래된 지방 거주자들이 전강에 들어가 점수를 은사로 받았다.

조세환은 3월 24일까지 반촌에 있다가 가족이 지내고 있는 청파로 돌아갔다. 그는 1657년 정유 식년 문과 회시에 응시하기까지, 더 이상 표나 부로 승패를 가리는 절일제 등 각종 유생 과시에 관심을 두지 않았다. 그는 2분보다 등급이 높은 직부 회시의 기회를 얻기 위해서 유생 전강에 다시 도전할 수는 있었지만 그렇게 하지 않았다. 그 이유는 직부 회시와 2분의 점수가 초시를 면제받고 회시에 바로 응시할 수 있다는 점에서는 같기 때문이었다. 그는 유생 전강을 준비하기보다는 다음 식년 회시를 대비한 경서 공부에 집중하였는데, 비정기 문과까지 외면하기는 어려웠다. 혹시나 하는 생각에서 1655년 4월 11일에 있었던 관무재 대거 춘당대 정시 문과에 응시했던 그는 4월 9일부터 4월 11일까지 사흘 동안 경서 공부를 하지 못한 것을 한탄할 정도로 후회했다. 춘당대 정시 문과 이후 그는 1654년 갑오 식년 문과 회시 초장에서 '약'을 받았던 『주역』과 『시경』, '조'를 받았던 『논어』와 『맹사』를 집중적으로 공부하였다.

조세환이 전강에서 받은 2분은 1657년(효종 8) 정유 식년 문과 초시에 적용되었는데, 이때 2분을 받은 유생은 15명, 1분을 받은 유생은 17명으로, 총 32명이나 되었다. 이들이 모두 한성시 초시에 응시한다면 그들이 입격할 확률이 높아 한성시 응시자에게 매우 불리할 수밖에는 없었기에 2분을 받은 유생도 초시를 면제해 주었다. 직부 회시, 2분을 받은 유생들을 식년 문과 한성시 원방에 더하므로 한성시 입격자가 60명을 넘는 경우도 있었을 것이다.

조세환은 한성시 방이 나온 날 바로 다시 반촌으로 가서 3월 13일에 성균관에 들어가 공부하기 시작했고, 17일부터는 동재에서 머물렀다. 식년 문과 초시에 입격한 성균관 유생은 원점을 획득하지 않아도 되는데 이것을 제행除行이라고 한다. 이들이 회시를 위해 성균관에 거재하면서 경서 공부를 하는 경우, 수복守僕의 처가 저녁에 기름을 받아 가는 유생들의 이름을 기록하여 원점으로 계산해 주었다. 이를 제행 원점이라고 하는데, 이 원점은 다음 식년에 사용할 수 있었다(『승정원일기』 인조 16년 5월 20일). 조세환도 제행 원점을 위해서 약 2달 정도 성균관에서 지냈다. 조세환은 이처럼 성균관을 드나들면서 회시 준비를 하여 9월 3일 회시 초장의 강경 시험에 들어가서 7과목 중 『주역』만 약을 받고 나머지 6과목에서 순통 또는 통을 받아 도합 14분을 받았다. 그 결과 제술의 생획 없이도 회시에 입격하였다. 게다가 전시의 책문도 잘 지어서 식년 문과 갑과 3등을 차지하였다.

생원 조세환의 문과 응시 양상

조세환은 19세에 생원이 된 후 25년 만인 43세에 문과에 급제하였다. 조선시대 생원·진사로서 문과에 급제한 사람은 5,238명으로, 조선시대 문과 급제자의 35%이다.[64] 세기별로 생원·진사로서 문과에 급제한 이들의 점유율을 보면, 15세기 22%, 16세기 28%, 17세기 21%, 18세기 16%, 19세기 12%로, 16세기를 정점으로 급제 점유율이 낮아지고 있다. 반면 이들의 문과 급제 평균 연령은 18세기까지 계속 높아지고 있다. 17세기의 경우 생원으로 문과에 급제한 평균 연령이 36세, 진사로 문과에 급제한 경우는 34.2세이다. 진사가 생원보다 평균 연령이 다소 낮은 것은 제술을 위주로 하는 비정기 문과가 식년 문

과보다 많이 시행되었기 때문이다.[65]

생원이 된 후 문과에 급제하는 데 걸리는 기간은 0-28년, 50년 등 다양하지만, 생원의 약 75% 정도는 생원이 되고 나서 12년 이내에 문과에 급제하였다. 조세환처럼 생원 입격 이후 문과 급제까지 24년이 걸린 경우는 생원이 된 후 문과에 급제한 자의 5% 이내에 속한다. 조세환이 조모상과 모친상으로 시험에 응시하지 않았던 4년을 제외한다고 하더라도 문과 급제까지 20년이 걸린 셈이니, 생원이 된 후 문과에 급제한 자의 10%에 속한다.[66] 그의 문과 급제가 이토록 늦어진 것은 아마도 관직을 포기했다가 조모의 권유로 다시 시험공부를 시작했기 때문일 것이다.

그의 일기를 참조하면, 조세환은 1648년에서 1657년까지 10년 동안 3번의 식년 문과, 3번의 정시 문과, 2번의 별시 문과 등 총 8번의 문과를 치렀다. 이 시기에 시행된 문과는 총 17회나 되므로, 그는 시험공부를 시작한 후에도 9회의 문과를 치르지 못한 것이다. 조세환은 1649년 4월 정시에서 낙방한 후 홍주로 돌아와 5월에 인조의 죽음을 알게 되어 거애하고 성복하였다. 그리고 8월부터 경서 공부를 시작하였다. 『서경』을 석 달 동안 읽고 11월과 12월에는 『주역』을 읽었다.

그러나 1650년 2월 조모가 사망함으로 인해 공부를 중단하였는데, 그사이에 증광시가 치러졌다. 1651년 2월 소상을 치르고 3월에 『중용』을 읽기 시작하였지만, 그해 있었던 식년 문과, 알성 문과, 별시 문과에는 응시하지 못했다. 묘소의 석물을 설치하고, 서울에 가서 정두경에게 부친의 묘갈문을 요청하는 등의 일로 분주하였기 때문이다. 게다가 그해 11월에는 모친이 사망하여 1654년 1월 모친의 담제를 치르기까지 시험에 응시하지 못했다.

조세환이 식년 문과 향시를 치른 것은 1648년과 1654년, 2차례이다. 식년 문과에 응시한 것은 3차례이나 마지막 1657년에는 유생 전강으로 2분의 점수를 얻어서 초시가 면제되어 바로 회시에 응시하였기 때문이다. 생원·진사가 식년 문과 초시에 응시하려면 원점 300점을 획득하여 관시館試에 응시하거나 관시 원점의 절반인 150점을 획득하여 한성시나 향시에 응시해야 한다. 생원·진사가 150점의 원점을 획득하면 향시·한성시에 응시할 수 있다는 것은 15세기 충숙위나 충찬위 같은 군직에 들어간 이들에게 적용한 데서 기인한 것이다.

중종 때에는 소속이 없는 생원·진사의 경우도 원점 150점이 있으면 한성시나 향시를 치르게 해 주었는데, 이 규정은 중종 때 『대전후속록』에 실렸다. 이 반원점半圓點 제도는 1708년 폐지될 때까지 지속되었다.[67] 반원점제는 식년 문과에만 적용된 것이 아니었다. 증광 문과 초시의 경우 관시 원점이 40점이므로 향시·한성시의 원점은 20점이었다(『광해군일기』 광해 3년 12월 12일; 『승정원일기』 인조 10년 4월 16일). 증광 문과는 비정기 문과이나 시험 절차가 식년 문과와 유사하여 초시가 관시, 한성시, 향시로 되어 있어 반원점제가 적용되었다.

반원점 제도를 둔 것은 생원·진사를 성균관에 나아오게 하고 문묘를 지키게 하려는 뜻에서 시작된 것이지만, 이 제도가 실제 어떻게 시행되었는지 확인하기는 쉽지 않다. 성균관에 기거할 수 있는 생원·진사의 인원은 한정되어 있었고, 생원·진사가 3년마다 배출되어 원점을 획득해야 하는 대상자는 계속 늘

번호	연도	종류		장소	시관	결과	비고
1	1648	식년	초시	청양	도사 어상준, 직산현령 김시진	입격	-
			회시	2소 서학	미상	낙방	전례강 - 중학
2	1654	식년	초시	면천	미상	입격	논(論) 삼하, 책(策) 삼하
			회시	2소 서학	시관: 조계달, 김여옥, 신계영 참시관: 이재, 이준구, 강유후, 이시성	낙방	전례강 - 혜민서
3	1657	식년	회시	2소 서학	시관: 이익한, 오정일, 이탕연 참시관: 이성항, 윤형계, 노상의, 이준구	입격	-
			전시	미상	미상	급제	갑과 제3등

표 7 조세환의 식년 문과 응시 이력

어 갔는데, 이들이 필요한 원점을 어떻게 획득할 수 있었을까? 『태학성전』에는 반원점 획득 방법에 대한 규정이 없지만, 『선조실록』에는 성균관에 기거하지 않으면서 원점을 획득했던 지방 거주 생원·진사의 사례가 보인다.

1606년에는 성균관 문묘 동무東廡 벽서 사건이 있었다. 이때 받은 공초에 보면, 생원 안덕봉, 진사 안덕린은 증광시 원점을 받기 위해 충주에서 상경하여 반촌에 있는 관비官婢의 집에 기거 중이었다고 진술하고 있다(『선조실록』 선조 39년 6월 21일). 이들이 관시의 원점을 얻으려 했는지 아니면 향시나 한성시의 원점을 얻으려 했는지는 확인되지 않지만, 지방에 사는 생원·진사가 원점을 따기 위해서 상경하여 반촌에 숙소를 정하고 성균관에 드나들며 원점을 받았다는 것을 알 수 있다. 이 시기가 임진왜란으로 마비된 성균관의 기능이 완전히 회복되기 전이었다는 점을 감안하더라도, 성균관의 동재와 서재에 기거할 곳이 마땅치 않으면 반촌에 숙소를 정하고 성균관에 드나들며 원점을 받았음을 알 수 있다.

그 밖에도 『태학성전』의 「제중완의」 조를 보면 반촌에서 지내는 유생이 있었던 것으로 보이나, 「제중규식」 조에서는 반촌 생활을 허락하지 않았다. 이처럼 성균관에 기거해야 할 유생이 반촌에 지내는 것에 대해서는 『태학성전』 규정 내에서도 서로

충돌하고 있다. 또한 18세기의 『반중잡영』에서도 유생들이 반촌에 나가 지내기도 했다고 하였다.[68] 이것은 성균관에 기거해야 할 유생이 반촌에서 지내는 것에 대한 규제가 융통성 있게 이루어지고 있었음을 보여 주는 것이다. 성균관에서 기거해야 할 유생의 공간이 충분한지, 거재 유생에 대한 지원이 제대로 이루어지는지 등의 여건에 따라 규제의 완급이 조절되었던 것 같다.

『조세환일기』에도 그가 보고 들은 거재 유생의 반촌 생활이 적혀 있다. 식년 문과 초시에 입격한 제행除行 유생이 제행 원점을 위해서 성균관에 거재하든 반촌에 머물든 자유롭게 두고 규제하지 않았다. 그런데 조한영曺漢英(1608-1670)이 대사성으로 있을 때에는 제행 유생이 반촌에 머무는 것을 금하여 유생들의 반발을 샀다. 오래된 관습을 깨려는 대사성에게 자신들의 뜻을 알리기 위해서 제행 유생 25명이 성균관에서 나간 일도 있었다(『조세환일기』 1657년 4월 5일).

생원·진사가 필요한 원점을 획득하면 성균관 장무관은 이를 증명하는 공문을 발급해 주는데, 이것이 있어야 관시 혹은 향시·한성시에 응시할 수 있었다.[69] 원점이 부족한데도 시험을 치르려는 유생들은 가도기假到記를 만들어 공문을 받거나, 허위 공문을 발급받는 일들이 있었다. 허위 공문을 발급해 주는 일은 특히 광해군 때 와서 더욱 잦아졌으며, 그 이후에도 원점 공문을 함부로 발급해 주는 일은 계속 문제가 되었다(『승정원일기』 효종 5년 4월 17일). 관시 응시 대상자가 원점이 부족한 경우 간혹 공문을 내어 향시나 한성시에 응시하려고 도모하는 경우도 있었다(『광해군일기』 광해 6년 9월 24일).

조세환이 생원으로 식년 문과 향시에 응시하기 위해서는 반원점이 필요하였다. 3년 동안 원점 150점을 얻으려면, 적어도 3년 동안 매년 적어도 50일씩 상경하여 원점을 챙겨야 한다. 지방 유생이 상경한다고 하여 무조건 성균관에 거재할 수 있는 것도 아니었다. 성균관에 생원·진사가 지낼 수 있는 방은 20개로 40명이 거재할 수 있었다. 물론 성균관에 방문하여 지인과 함께 지낼 수도 있으나,[70] 상황이 여의치 않으면 반촌에 거처를 얻어 지내며 원점을 챙겨야 했다. 따라서 지방의 생원·진사가 반원점을 획득하기 위해서는 몇 달씩 서울에서 보낼 수 있는 시간과 반촌에서 지낼 경제적 여유가 있어야 했다. 조세환 역시 1654년 12월에 서울에 가서 1655년 1월 한 달 동안은 성균관에서 지냈으나, 그 후에는 반촌에서 지내면서 시험공부를 준비하였다.

조세환이 치른 1648년 식년 문과 향시는 현전하는 일기의 앞부분에 수록되어 있어 그가 원점 150점을 획득했는지 여부는 확인할 수 없다. 1654년의 식년 문과 향시는 모친상을 마친 직후이므로 반원점을 획득할 기회가 없었다. 반원점 대상 생원·진사가 원점에 구애받지 않고 향시나 한성시에 응시할 수 있는 경우는 늙고 병든 부모가 있는 경우였다. 1524년(중종 19) 예조에서는 늙고 병든 부모가 있는 반원점 대상 생원·진사에게 진성陳省을 주어 시험을 치를 수 있게 하였다(『중종실록』 중종 19년 4월 3일). 『태학성전』에는 방외 유생으로 부모의 나이가 70세 이상인 사람은 반원점이 없어도 향시·한성시를 치를 수 있다고 되어 있다.[71] 반원점에 대한 규정이 시행되면서 병들고 나이 많은 부모가 있는 생원·진사는 반원점을 채우기 위해 성균관에서 지내기가 어려우므로 원점 적용을 하지 않겠다는 것이었는데, 이를 위해서는 예조의 진성이 필요하였다. 그러던 것이 시간이 흐르면서 부모의 나이를 70세 이상으로 한정한 것이다.

관시도 원점에 상관없이 응시할 수 있는 경우가 있었는데, 상喪을 마친 후 열다섯 달이 차지 않은 자가 대상이었다. 이 규정은 『경국대전』에 실려 있는데, 상을 치르고 복服을 마친 이들을 우대하기 위한 것이었기에 원점에 구애되지 않고 시험을 치르게 하였다(『광해군일기』 광해 6년 10월 5일). 이 규정은 『태학성전』에도 관시 응시자에 대한 것으로 한정되어 있었다.

조세환은 모친의 담제를 치른 지 한 달여 만에 면천沔川으로 식년 문과 향시에 응시하러 갔다(『조세환일기』 1654년 2월 10일). 일기에 녹명에 대한 언급이 없는 것으로 보아 향시를 치르는 데는 문제가 없었던 것 같다. 법제적으로 식년 문과 초시는 식년 전해 가을에 치러져야 하는데, 1654년 갑오 식년 문과 초시는 1654년 2월 22일로 연기되었다. 예조에서는 효종에게 식년 문과 초시가 연기되었으니 관시의 원점은 10점 추가하여 310점, 반원점은 5점을 추가하여 155점으로 계하받았다(『승정원일기』 효종 4년 12월 7일). 이처럼 원점제가 철저하게 시행되고 있던 때에 조세환이 원점 공문 없이 향시를 치를 수는 없었을 것이다. 그렇다면 관시 대상자에게 적용되는 복을 마친 자에 대한 원점 혜택이 반원점 대상자에게도 적용되었을 가능성도 생각해 볼 수 있다.

그는 두 번의 향시에는 모두 입격하였지만, 회시에서 낙방하였다. 1648년 무자 식년 회시에서는 초장에서 『주역』 「계사하」의 '양괘에는 음이 많고, 음괘에는 양이 많다(陽卦多陰陰卦多陽)'를 만나 '불不'을 받아서(『조세환일기』 1648년 10월 17일), 중장과 종장도 치르지 않고 고향으로 돌아왔다. 그 이유는 회시 초장에서 배송하는 사서삼경 7과목 중에서 한 과목이라도 '불'을 받으면 다른 과목의 점수에 상관없이 탈락이기 때문이다. 그는 고향에 돌아와서 다시 경서 공부에 힘을 쏟다가 조모와 모친의 상을 당해 무산되었다.

이후 모친의 담제 후에 치른 1654년 2월 경오 식년 문과 초시에서 그는 논과 책에서 각각 삼하를 받아 입격하였다(『조세환일기』 1654년 2월 20일). 조세환은 9월 14일 혜민서에서 전례강을 하고(『조세환일기』 1654년 9월 14일), 9월 17일 시작된 회시 초장 배강 시험은 20일에 들어갔다. 그는 이 시험에서 『주역』 약, 『시경』 약, 『서경』 통, 『논어』 조, 『맹자』 조, 『중용』 통, 『대학』 통을 받아 도합 10분分을 얻었다(『조세환일기』 1654년 9월 20일). 회시 초장 시험은 응시자들이 7과목을 배송해야 하므로 17일에서 22일까지 7일 동안 계속되었으며, 24일 중장, 26일 종장을 치렀다.

회시에서는 회시 초장 강경 시험 점수 10분에다 제술 시험에서 생획을 얻은 여성제呂聖齊가 장원을 하였는데, 회시에서 제술로 생획을 얻은 사람이 6명이었다. 그 결과 강경 시험에서 13.5분을 받은 사람도 낙방했다(『조세환일기』 1654년 9월 27일). 갑오 식년 문과 급제자는 34명이다. 그중에서 제술 점수를 더해서 급제한 사람이 6명이니, 28명이 회시 초장 강경 점수로 입격했다는 결론이 나온다. 초장 강경 시험의 만점은 16점인데, 13.5분을 받은 사람이 낙방했다면, 강경 시험에서 14점 이상의 고득점자가 28명이나 된다는 것이다. 이처럼 경서 시험의 비중이 높았기에 식년 문과는 강경과라는 별칭을 갖게 되었다.

강경 시험에서 10분을 받았으나 제술에서 생획을 획득하지 못한 조세환이 낙방한 것은 당연한 결과였다. 그는 1654년 12월에 다시 상경하였다. 그리고 1655년 1월, 2월에 성균관과 반촌에 머물며 유생 전강에 들어가 2분의 점수를 하사받았다(『조세환일기』 1655년 2월 15일). 그는 유생 전강의 은사 덕분에 1657년 정유 식년 문과에서 초시를 건너뛰고 회시에 바로 응시할 수 있었다(『승정원일기』 효종 8년 2월 9일). 그는 2년여 동안 오직 경서 공부에만 매달렸다. 그 결과 회시 초장 강경 시험에서 『주역』 약, 『시경』 순통, 『서경』 순통, 『논어』 통, 『맹자』 순통, 『중용』 순통, 『대학』 통을 받아 총 14분으로 회시에 급제하였다(『조세환일기』 1657년 9월 3일). 그리고 전시에서는 '나가 버린 마음을 찾아 거두어들이다(求放心也)'라는 책문으로 갑과 3등으로 입격하였다(『조세환일기』 1657년 9월 13일, 9월 14일).

그는 비정기 문과에도 응시하였는데, 정시 3회, 별시 2회로 총 5회이다. 그가 치른 정시의 경우 경과慶科의 성격은 약했다. 1648년에는 예조에서 나라에 일이 많았으나 과거가 시행되지 않아서 선비들을 격려하는 도리에 어긋나니 정시를 시행하자고 청하였다. 예조에서는 1641년(인조 19) 인조의 건강이 나빠 오랫동안 시험을 치르지 못했기 때문에 선비들을 격려하기 위해 그해 9월에 시행한 정시와 1642년(인조 20) 강경과 제술을 겸비한 인재를 선발하기 위해 시행한 정시를 전례로 들었다.

인조 때에는 57회의 문·무과가 시행되어 1년 평균 1.9회의 시험이 있었던 셈이다. 그런데 1647년에는 한 번의 시험도 없었고, 1648년에도 식년시만 예정되어 있었다. 그러므로 예조에서 식년 시험을 치르러 상경한 유생을 대상으로 한 정시의 시행을 청하였다(『승정원일기』 인조 26년 7월 13일). 그 결과 식년 문과 회시가 시행되기 전인 8월 25일, 인정전에서 정시가 시행되었는데, 이때 응시자는 3,461명이었다. 정시의 시험 과목은 표였고, 당일 출방하였다(『조세환일기』 1648년 8월 25일; 『승정원일기』 인조 26년 8월 25일).

1649년 4월 4일에 치러진 정시는 별시 후에 있었다. 이해 2월 별시 초시가 끝났는데 유생들이 정시 시행을 바라면서 흩어지지 않자, 인조는 예조에 정시를 시행하라고 전교하였다(『승정원일기』 인조 27년 3월 20일). 예조에서 별시 전시 창방이 끝난 후에 농사에 방해되지 않도록 최대한 빠른 시일로 정시 날짜를 정한 것이 4월 4일이었다(『승정원일기』 인조 27년 3월 21일). 정시의 시관으로는 독권관으로 이경석 등 7명, 대독관으로 이행진 등 10명이었다(『승정원일기』 인조 27년 4월 3일). 시험 과목은 표로, 시제는 한나라 육가陸賈가 한나라 고조의 부름에 사례하고 그 앞에서 『시경』과 『서경』을 말한 것에 견주어 보라(擬漢陸賈謝命前說詩書)'였다

(『조세환일기』 1649년 4월 4일). 정시에 응시한 유생은 2,043명이었는데(『승정원일기』 인조 27년 4월 4일), 출방은 다음 날 이루어졌다(『조세환일기』 1649년 4월 5일). 조세환도 별시에 낙방한 뒤 바로 고향으로 내려가지 않고 서울에 남아서 정시를 치렀으나 소득은 없었다.

<table>
<tr><th>번호</th><th>연도</th><th colspan="2">종류</th><th>장소</th><th>시관</th><th>결과</th><th>비고</th></tr>
<tr><td>1</td><td>1648</td><td colspan="2">정시</td><td>인정전</td><td>미상</td><td>낙방</td><td>–</td></tr>
<tr><td rowspan="3">2</td><td rowspan="3">1649</td><td rowspan="3">별시</td><td rowspan="2">초시</td><td>1소
한성부</td><td>시관: 조익, 임담, 신유
참시관: 권우,[72] 홍처량, 김덕승, 신숙</td><td rowspan="2">입격</td><td rowspan="2">책 삼하</td></tr>
<tr><td>2소
태평관</td><td>시관: 오준, 최혜길, 이시해
참시관: 엄정구, 윤렴, 이해창, 심유행</td></tr>
<tr><td>전시</td><td>미상</td><td>독관관: 이경석, 조경, 최혜길
대독관: 이행진, 신면, 이삼, 원진명</td><td>낙방</td><td>–</td></tr>
<tr><td>3</td><td>1649</td><td colspan="2">정시</td><td>미상</td><td>독권관: 이경석, 김육, 오준, 여이징, 최혜길, 허계, 송시길
대독관: 심지원, 신유, 신면, 조수익, 이행진, 민광훈, 심지환, 홍처량, 이제형, 유계, 신익전</td><td>낙방</td><td>–</td></tr>
<tr><td>4</td><td>1655</td><td colspan="2">춘당대
정시</td><td>춘당대</td><td>미상</td><td>낙방</td><td>–</td></tr>
<tr><td rowspan="2">5</td><td rowspan="2">1656</td><td rowspan="2">별시</td><td>초시</td><td>한성부</td><td>미상</td><td>입격</td><td>중시 대거 별시,
300관시
논 삼중, 책 차하</td></tr>
<tr><td>전시</td><td>미상</td><td>대독관: 정태화, 채유휴, 유순지
독권관: 조한영, 김수항, 이은상, 김진</td><td>낙방</td><td>–</td></tr>
</table>

표 8 조세환의 비정기 문과 응시 이력

그가 치렀던 1655년의 정시 문과는 관무재 대거 춘당대 친림 정시 문과였다. 본래 무인들을 대상으로 한 관무재만 치를 예정이었으나, 유생들에게도 기회를 주기 위해서 치러진 것이다. 정시 문과의 장소는 춘당대였으며 효종이 친림하였다. 시험 과목은 부로, 시제는 '재계하고 일을 처결하다(齋居決事)'였다. 정시 급제자 명단은 당일 발표하였는데, 유경柳炅 등 7인이 선발되었다(『조세환일기』 1655년 4월 11일).

그가 치렀던 2번의 별시 문과는 모두 삼백관시로 초시가 서울에서 치러졌다. 1649년에 시행된 별시 문과는 1648년의 왕세손 책봉 경축 때문에 시행된 것이었다. 왕세손 책봉 별시 규례는 1645년 왕세자 책봉 별시 규례를 참조하였다. 1645년 별시는 왕세자 책봉과 왕세자 입학이라는 두 개의 경사를 합한 별시 문과로서 초시를 서울과 지방에서 치르는 육백관시로 행하였다. 시험 규칙은 초장은 부와 표, 종장은 책문이며, 강경은 생략하였다. 이 전례를 따랐으나 왕세손 책봉이라는 하나의 경사에 대한 별시이므로 초시의 규모를 줄여서 서울에서만 치르는 삼백관시로 행하기로 하였다. 그리고 1648년 식년시가 늦어졌기 때문에 별시의 기일을 다음 해 봄으로 정하게 되었다(『승정원일기』 인조 26년 9월 11일).

조세환은 별시를 위해 2월 19일 고향을 출발하여 23일 서울에 도착하였다. 초시 초장은 29일에 있었으며 그는 1소인 한성부에서 시험을 치렀다. 시관은 시관 3명, 참시관 4명으로 이루어졌다. 1소 초장의 부제賦題는 '관직을 그만두고 돌아가려는 주나라 소공召公 군석君奭에게 주공 단旦이 성왕을 보필하자고 설득하다(諭留君奭)'였고, 표제表題는 '채공祭公 모보謀甫가 덕화를 밝히고 군대의 위세를 과시하지 말라고 청하다(祭公謀父請耀德不觀兵)'였으며, 종장의 책문은 '성性'이었다(『조세환일기』 1649년 2월 29일). 1소의 응시자는 1,781명이었으나(『승정원일기』 인조 27년 2월 29일), 시권을 제출한 응시자는 1,016명이어서(『승정원일기』 인조 27년 3월 2일), 응시자의 57%만이 답안을 제출한 셈이다. 조세환은 종장의 책문에서 삼하를 받아 1소 150명 안에 들어 입격하였다(『조세환일기』 1649년 3월 7일).

초시 입격자들은 전례에 따라 강경 시험 없이 25일에 전시를 치렀다(『조세환일기』 1649년 3월 25일). 전시 시관은 시험 전날인 24일 좌의정 이경석을 비롯한 독관관 3명과 이행진, 신면 등 대독관 4명이 낙점되었다. 전시 책문은 '예禮'로, 300명의 전시 응시자 가운데 297명이 답안을 작성하였다(『승정원일기』 인조 27년 3월 26일). 이 시험에서는 13명이 선발되었으나 조세환은 낙방하였다.

1656년에는 중시 대거 별시 문과가 시행되었는데, 초시는 삼백관시로 서울에서 행해졌다. 조세환은 1소인 한성부에 들어갔다. 초장의 과목은 부였고, 종장의 과목은 책문이었다(『조세환일기』 1656년 7월 19일). 그는 이 시험에서 논 삼중, 책문 차하 중 1등 제4인으로 입격하였다(『조세환일기』 1656년 7월 28일). 별시 회강 역시 한성부에서 실시했는데, 『주역』과 『맹자』 모두 약을 받아 통과하였다. 전시는 8월 24일에 있었는데, 과목은 책으로, 시제는 '마음을 정하여 사사로운 욕심을 억제하며, 바른 말을 구하고 인재를 기른다(正心窒慾求言育才)'였다.

조세환이 비정기 문과를 치른 결과를 보면, 논과 책이 출제 과목이었던 별시 문과 초시에는 입격하였다. 반면 표나 부가 출제 과목이었던 정시에는 모두 낙방하였다. 【표 9】에서 볼 수 있듯이 17세기 알성 문과, 정시 문과, 별시 문과 전시 등에서 출제된 제술 과목을 분석하면, 알성 문과 출제 과목의 70.6%, 정시

	표(表)	잠(箴)	명(銘)	책(策)	송(頌)	논(論)	조(詔)	부(賦)	제(制)	전(箋)	미상	합계
알성 문과	12	2	3	-	-	-	-	-	-	-	-	17
정시 문과	18	2	2	-	3	2	1	6	1	1	1	37
별시 문과	2	1	-	25	-	2	-	4	-	-	2	36
합계	32	5	5	25	3	4	1	10	1	1	3	90

표 9 17세기 비정기 문과의 출제 과목[73]

문과 출제 과목의 50%가 표였다. 반면 별시 문과의 경우에는 출제 과목의 69.4%가 책문이었다. 알성 문과에는 논이 전혀 출제되지 않았으며, 정시 문과에서는 논이 출제되긴 했으나 5.4%에 지나지 않았다. 별시 문과 역시 논이 출제된 경우는 5.6%로 출제 빈도가 낮았다. 이러한 출제 경향으로는 논에 능한 생원 조세환이 알성 문과나 정시 문과로 급제할 가능성은 크지 않았다. 별시 문과 전시의 경우 책문 출제 빈도가 높아서 조세환에게 유리한 편이긴 했으나, 결과는 만족스럽지 않았다.

4

전라도 흥덕
진사 이재 황윤석

황윤석의 가계

황윤석黃胤錫(1729-1791)은 자字가 영수永叟, 호는 이재頤齋·서명산인西溟散人·운포주인雲浦主人·월송외사越松外史 등이며 본관은 평해平海이다. 그의 증조부는 황세기黃世基(1628-1680), 조부는 황재만黃載萬(1659-1711), 부친은 황전黃壥(1704-1771)이다. 그의 가계는 황윤석이 저술한 『평해황씨세계』에 따르면 고려 말 황숙경黃淑卿으로부터 시작된다. 그는 1376년(우왕 2) 개성윤, 1378년(우왕 4) 동북면도순문사겸화령부윤東北面都巡問使兼和寧府尹에 제수되었다. 그는 1남 1녀를 두었다. 1남은 황길원黃吉源으로 통훈대부 선공감 정正을 지냈다. 그는 한산백漢山伯 양열공襄烈公 조인벽

趙仁壁의 딸과 혼인하여 1남 1녀를 두었다. 그의 아들 황곤黃坤은 진사에 입격하여 공조참의에 이르렀다.[74]

황곤은 아들 셋을 두었다. 장남 황윤원黃允元은 생원진사시에 입격하여 생원을 획득했고, 1450년(문종 즉위년) 식년 문과 정과 5위로 급제하여 사헌부 지평에 이르렀다. 차남 황윤형黃允亨 역시 1451년(문종 1) 증광 생원진사시에 입격하여 진사를 획득했고, 1468년(세조 14) 식년 문과 병과 1위로 문과에 급제하여 여러 관직을 거쳐 공조참의에 올랐다.[75] 삼남 황원리黃允利는 음직으로 진해현감을 역임하였는데, 이가 바로 황윤석의 10대조이다.

황윤석 가문은 조선 초 서울에서 거주하다가 황곤이 춘천에서 거주하였지만, 그후 자손들이 관직에 있으면서 다시 서울에서 거주하였다. 그러다가 전라도 흥덕으로 이주하게 된 것은 황윤석의 8대조인 황수평黃守平이었다. 그는 동반 산계 종사랑從仕郎을 받았으나, 관직에 나가지는 못하였다. 그는 그의 처 전주 이씨의 모친, 즉 장모를 뵈러 전라도 흥덕에 다니곤 했는데, 1549년(명종 4) 장모를 뵈러 갔다가 병을 얻어 그곳에서 사망하였다. 그는 전주 이씨 부인에게서 1남 2녀를 두었는데, 아들 황뉴黃紐가 어려서 부친상을 당했기 때문에 본격적으로 흥덕현에 있는 외가의 별장에서 지내기 시작하였다.[76]

전라도 흥덕에 별장을 두었던 전주 이씨 부인은 왕실 종친

거산령巨山令 이공李拱의 딸인데, 거산령 이공은 태종의 서1남 경녕군의 증손이었다.[77] 이공의 집안은 충주에서 세거했는데 홍덕에 별장을 가지게 된 것은 이공의 모친 때문이다. 이공의 모친은 송수중宋守中의 딸이었는데 홍덕의 재지사족인 문경 송씨 가문이었다. 이공의 부친 계성부수桂城副守 이방李枋이 처가의 세거지인 홍덕으로 입향하였다.[78]

황뉴 이래의 황윤석 집안은 태안의 도강 김씨, 부안의 전주 최씨·경주 김씨, 영광의 전주 이씨 및 홍덕의 전주 이씨(장천군파) 등 홍덕과 그 주변 지역의 사족들과 혼맥을 이어 가며 홍덕의 재지사족으로 자리를 잡았다.[79] 황윤석의 6대조인 황처중黃處中은 임진왜란 중인 1595년(선조 28) 제용감 첨정을 지냈다. 부모와 형이 모두 사망하자, 그는 서울로 거주지를 옮기고자 했다. 그러나 1597년(선조 30) 정유재란이 발발하자 식솔 30명을 이끌고 고향 춘천으로 가서 3년 동안 지내다가 전란이 끝나고 홍덕으로 돌아왔다. 그후 황윤석이 생원진사시에 입격까지 과거 급제자나 관직에 나간 이가 없었으나, 학자로 이름이 난 이들이 있다. 황윤석의 5대조 황이후黃以厚는 학업을 열심히 하여 여러 차례 과거에 응시하였으나 끝내 성과를 내지는 못하였다. 1624년(인조 2) 이괄의 난과 1627년(인조 5) 정묘호란 때에 동생 황극후黃克厚와 함께 호남의 여러 이름난 선비들과 모여 의병과

의곡을 마련하기도 하였다.

황윤석의 고조부 황종혁黃宗爀은 어려서 병이 있어 수양하며 지냈기에, 그의 아들 황세기는 어린 시절 외조부 부사과 이뢰李磊에게서 배웠다. 외조부 이뢰는 정종의 서13남 장천도정長川都正 이보생李普生의 6대손이다.[80] 이뢰의 집안은 왕실 후손으로 홍덕에 세거하였다. 이뢰의 부친 이진문李振文은 임진왜란 당시 군량을 모아 공주로 옮겨서 왕실의 울타리 역할을 해냈다. 황세기는 10세 때에 중표형中表兄이었던 장성의 진사 기진탁奇震鐸에게 가서 배우기를 청하였다. 기진탁은 황세기의 사람됨을 보고 평범한 아이로 대우하지 않았고, 기진탁의 아들인 기정익奇挺翼(1627-1690)도 가장 아끼고 존경하는 벗으로 여겼다. 그는 19세에 도회에 응시하면서부터 제술로 명성이 자자하였다. 과거 응시 이력을 보면 28세가 되던 1656년(효종 7)에는 생원진사시 초시 진사시에 입격, 1668년(현종 9)에는 별시 초시에 입격, 1669년(현종 10)에는 생원진사시 초시 생원시에 입격하였으나, 끝내 결실은 맺지 못하였다.[81]

그는 1659년 효종이 사망한 후 인조의 계비인 장렬왕후 조대비의 복상 기간을 두고 서인과 남인 간에 논쟁을 벌인 기해예송 이후 송시열의 의견에 적극 찬성하여 사숙私淑하였다. 그후 1674년(현종 15) 효종비 인선왕후가 사망하자 다시 재현된 장렬왕후 조대비의 복상 기간에 대한 갑인예송으로 송시열이 유배되자, 후학 양성에만 힘을 기울였다. 그의 학문 경향은 아들인 황재만과 황재중黃載重(1664-1718)에게 영향을 주었다.

황윤석의 조부인 황재만과 그의 종조부 황재중 역시 송시열의 학문을 사숙하였고, 1689년(숙종 15) 송시열이 사사되었을 때에 상례에 참여하기도 하였다. 특히 황윤석의 종조부 황재중은 고여홍의 문인으로, 송시열의 문인인 기정익의 문하에서도 수학하였다.[82] 그는 구암서당을 지어 후학 양성에 힘썼고, 김창협과 서신으로 교유하기도 하였다. 황윤석의 부친인 황전 역시 숙부 황재중의 문인이었다. 게다가 부안 출신으로 서인 학맥인 최서림崔瑞琳(1632-1698)의 문인인 은정화殷鼎和(1650-1724)의 문인이기도 하였다. 황전은 서인 노론 계열의 인물들과 교유하면서 그의 학맥을 확실히 하였다. 황윤석이 1756년(영조 32) 미호渼湖 김원행金元行(1703-1772)을 찾아가 문인이 되겠다는 뜻을 밝히게 된 것 역시 부친의 권유에 의한 것이었다.[83]

이처럼 황윤석 집안은 그의 8대조가 홍덕에 입향한 이후 임진왜란과 정유재란 등의 전란으로 서울 옛집으로 돌아가지 못하고 홍덕 사족으로 살아가게 되었다. 그의 5대조부터 황윤석의 부친인 황전에 이르기까지는 성실히 학문에 임하였으나, 과거와는 인연이 없었을 뿐만 아니라 관직 진출도 없었다. 그렇다면 황윤석 집안은 어떻게 사회적·경제적 지위를 유지할 수 있었을까?

황윤석의 8대조 황수평이 처가의 근거지인 홍덕에 입향하긴 했으나, 6대조 황처중이 서울 옛집으로 돌아가려 한 것으로 보아 서울에도 집이 있었던 것으로 추정된다. 1622년(광해 14)에는 6대조 황처중의 부인이 손자인 황종혁에게 춘천의 비婢 2구口를 별급한 기록이 있으며, 1650년 화회문기에는 황종혁의 몫으로 춘천 외거노비 1구가 주어졌고, 1691년(숙종 17)에는 춘천의 외거노비 5구에 대해서도 기록되어 있다. 이처럼 춘천에도 선대로부터 물려받은 노비들이 있었다. 거주지 홍덕에서의 황윤석 집안 경제 규모는 확실하지 않으나, 일부 토지매매문서와 화회문기를 통해서 재산 정도를 가늠할 수는 있다. 황종혁은 아들 황세기 하나뿐이었는데, 두 번째 손자 황재중이 태어나자 기뻐하면서 노비 1구와 전답 30마지기를 별급했다. 황종혁이 토지를 사들인 3점의 문서가 현전하는데, 논 32마지기, 밭 20마지기가 된다. 이러한 정황을 볼 때, 황종혁 때는 재산 규모가 적지 않았던 것으로 보인다. 게다가 황윤석의 부친 황전은 재산을 늘려 초가 6칸의 집을 지었으며, 전답은 약 30결을 소유하여 쌀의 생산량이 천석에 이르렀다고 한다. 황윤석 자신도 만년에 전답 16결을 소유하였다고 하니, 부친의 경제력에 따르지는 못하나

항산恒産의 바탕은 마련되어 있었다.[84]

또한 유력한 재지사족과의 중첩된 혼인이 이루어졌다. 대표적인 사례는 태인의 도강 김씨 가문이다. 황윤석의 7대조 황뉴, 황윤석의 조부인 황재중, 그리고 황윤석의 부친 황전 등이 도강 김씨와 혼인하여 약 300년간 인척 관계를 유지하였다. 도강 김씨 집안을 매개로 하여 호남에 세거한 순흥 안씨, 전주 최씨, 여산 송씨와도 인척 관계가 맺어질 수 있었다.

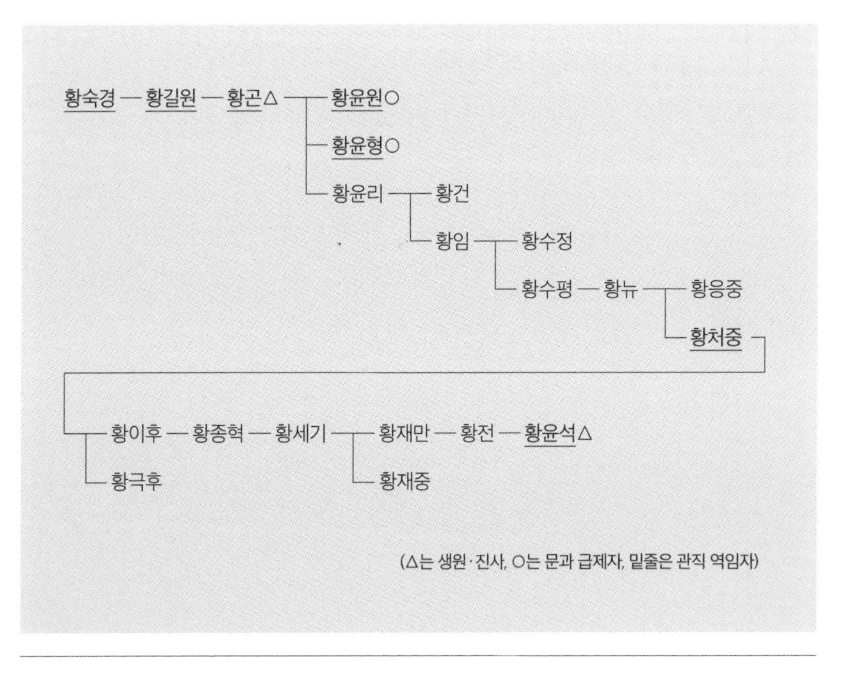

그림 6 황윤석의 가계도

황윤석의 성균관 과시 응시와 시험공부

황윤석은 1752년(영조 28)에서 1776년(영조 52)까지 25년간 생원진사시 3회, 문과 22회, 공도회 2회, 각종 유생 과시 11회, 후정시 1회 등 총 39회의 시험을 치렀다. 황윤석이 치른 11회의 유생 과시는 대개 성균관 유생을 대상으로 하는 시험이었다. 그는 1759년(영조 35) 31세의 나이로 식년 생원진사시에 입격하여 진사가 되었다. 따라서 황윤석이 치른 유생 과시는 1757년(영조 33)에 치른 국제를 제외하고는 모두 진사를 획득한 이후로 집중되고 있다. 그가 치른 각종 유생 과시를 정리하면 【표 10】과 같다.

그가 응시했던 유생 과시는 11회로 절일제節日製와 황감제이다. 절일제는 1월 7일에 시행하는 인일제, 3월 3일에 실행하는 삼일제, 7월 7일에 시행하는 칠일제(칠석제), 9월 9일에 시행하는 구일제(국제菊製) 등 절기에 시행하는 시험으로 성균관 유생들의 학업을 권장하기 위해서 17세기에 정식화된 유생 과시이다. 유생 과시에서 우수한 성적으로 입격한 이들에게는 문과 직부 전시, 문과 직부 회시, 점수, 문방구 등을 수여하였다. 또한 황감제의 우등자에게는 반드시 직부 전시가 주어졌다. 절일제의 경우는 직부 전시가 주어지기도 했지만, 직부 회시도 내려졌다.

번호	연도	종류	장소	시관	결과	비고
1	1757	국제	성균관	미상	낙방	-
2	1766	국제	숭정전	미상	낙방	-
3	1768	칠일제	숭정전	판부사 서지수, 병조판서 한광회, 이조참판 김종정	낙방	통방외
4		황감제	숭정전	황경원, 남태회, 조엄, 이휘지	낙방	-
5	1769	인일제	숭정전	명관: 김치인, 시관: 우상 정실, 조운규, 김한기, 이재협	낙방	-
6		칠일제	집경당	홍인한, 이담, 서명선, 윤득성, 이치중, 이병정	입격	2등, 점수 2분 받음
7		국제 겸 후정시	근정전 옛터	미상	낙방	-
8		황감제	숭정전	명관: 김양택, 시관: 참판 정존겸	낙방	-
9	1770	삼일제	숭정전	이은	낙방	-
10		국제	미상	판부사 김양택	낙방	-
11	1771	삼일제	숭정전	미상	낙방	-

표 10 황윤석의 유생 과시 응시 실태

시험의 규모가 작은 인일제와 칠일제는 우등자에게 직부 전시도 하사하였지만, 주로 직부 회시를 주었다. 반면 비교적 시험 규모가 큰 삼일제와 구일제에서는 주로 직부 전시를 하사했으나 직부 회시도 주어졌다.[85]

유생 과시에는 제술만이 아니라 전강과 같은 강경 시험도 있었다. 전강은 성균관과 사학의 도기를 바탕으로 대상자가 정해졌다. 17세기 인조 때부터 18세기 영조가 유생 과시를 재정비하기 전까지 강경으로는 전강, 제술로는 절일제·황감제, 그리고 정시가 주류를 이루었다. 당시 시대적 분위기는 경서 공부로 시간을 지속적으로 할애하는 것보다 한 번의 제술로 직부 전시를 하사받는 것이 최선이라고 여겼다. 실제 전강과 절일제 등의 직부 전시자를 비교하면 전강(강경)은 219명, 절일제 등 제술은 584명으로 제술이 전강의 2.7배나 되었다.[86]

유생 과시는 본래 성균관 유생의 학업을 권장하기 위해서 시행되었으나, 그 결과는 부정적이었다. 첫째, 유생들이 경학 공부는 소홀히 하고 오로지 제술에만 매달렸으며, 둘째, 유생들이 성균관에 기거하지 않았다. 절일제의 경우 응시 대상에 대한 규정이 없었다. 게다가 성균관 유생이 아니더라도 응시가 허락되는 통방외로 시행되는 경우도 더러 있었기에 성균관 기거가 중요하지 않았다. 영조는 이러한 문제들을 해결하기 위한 노력으로 도기과를 신설했으나, 큰 효과가 없자 2단계에 걸쳐 유생 과시 개혁을 추진하였다. 첫 번째 단계는 1742년(영조 18) 「태학유생원점절목」 마련, 두 번째 단계는 「과폐이정윤음」의 시행이다.

첫 번째 단계인 「태학유생원점절목」의 내용은 다음과 같다. 첫째, 성균관에 거재할 수 있는 생원과 진사의 인원을 100명으로 하되, 재임은 정원에서 제외한다. 둘째, 원점은 50점을 기준으로 한다. 셋째, 절일제는 원점을 채운 성균관 유생만을 대상으로 한다. 넷째, 절일제는 제술로 한다. 다섯째, 도기 유생을 대상으로 하는 전강은 강경과 제술을 시행하되, 응시자가 과목을 선택하게 한다. 다섯째, 월과인 순제旬製는 구례대로 시행한다.[87]

「태학유생원점절목」이 시행됨으로 인해 성균관 유생들은 원점 50점을 채워야만 절일제에 응시할 수 있게 되었다. 따라서 유생 과시에 응시하기 위해서는 성균관 기거가 중요한 요건이 되었다. 절목 시행 후 서울 유생들의 성균관 기거도 어느 정도 자리를 잡게 되자, 영조는 두 번째 단계 개혁을 시행하였다. 영조는 1759년 두 번째 단계로 「과폐이정윤음」을 발표하고 이를 시행에 옮겼다. 「과폐이정윤음」에는 과거제 전반적인 내용을 담고 있는데, 그중 성균관에서 시행하는 유생 과시에 대한 것도 있었다. 유생 과시 내용의 골자는 성균관에서 경학과 제술을 겸비한 유생을 길러 내기 위해서 제술 유생 과시에는 강경 시험을, 강경 유생 과시에는 제술을 도입한다는 것이다. 즉 성균관 원점 유생들은 절일제에 응시하기 위해서 원점 50점을 채우는 것은 물론 먼저 1경을 전강하여 조를 받은 유생들만 절일제에 응시할 수 있다는 것이다. 만약 절일제가 통방외로 시행된다면, 이때 우등자는 영조가 직접 강경 시험을 보아 직부 전시 여부를 결정한다는 것이다. 「태학유생원점절목」에서는 도기 전강의 경우 전강과 제술 시험을 시행하고 응시자는 자신이 원하는 과목만을 시험하게 하였다. 그런데 「과폐이정윤음」에서는 원래대로 전강만 시행하되, 순통을 받은 유생이 많을 경우 제술로 비교하여 우등자를 정했다. 즉 기존에는 경학이나 제술 중에서 자신이 있는 한 과목을 선택하여 집중적으로 공부하는 방식이었다면, 이제는 제술 시험에도 강경을 요구하고, 전강에도 제술을 할 수 있어야 직부를 하사받을 수 있게 된 것이다.[88]

황윤석이 진사가 된 이후에 본격적으로 유생 과시를 치르기 시작했던 시기는 1766년(영조 42)이었으므로, 원점과 경서 한 과목을 고강하여 조 이상의 점수를 받아야 절일제에 응시할 수 있는 시점이었다. 【표 10】를 보면, 그는 생원진사시에 입격하기 전인 1757년 9월 국제에 응시하였다. 이 시기 절일제에는 원점 50점을 채운 성균관 유생이 응시할 수 있었는데, 어떻게 황윤석이 응시할 수 있었을까? 이해 9월 11일에는 왕세자의 천연두 회복을 축하하고, 중시 시행에 짝하여 정시 문과가 시행되었다. 영조는 특교로 정시를 위해 모인 유생들에게 국제를 볼 수 있게 해 주었다(『이재난고』 1757년 9월 13일). 황윤석 역시 정시 문과를 위해 서울에 올라왔다가 국제에도 응시하였다.

황윤석은 1759년 3월 생원진사시에 입격하고 나서 다시 이해 7월 29일 서울에 도착하였다. 그는 성균관에 들렀다가 1달 동안 석실서원에 머물면서 경서 공부를 하고, 다시 성균관으로 가서 약 40일을 지냈다. 그는 성균관에서 아침과 저녁을 먹으면서 원점을 챙겼으나, 성균관과 반촌을 왕래하며 머물렀다. 이때 9월 19일 「대과이정윤음」이, 20일 「소과이정윤음」이 반포되었다고 일기에 적고 있다. 그는 성균관에 머무는 동안 여러 유생과 교유하면서 지냈는데, 병으로 고생하였다. 성균관에서 지내는 동안은 계속 통증으로 고생하다가 10월 23일 고향으로 돌아갔다.

고향으로 돌아온 황윤석은 양산羊山 백련암에 머물면서 『주역』을 공부하기 시작하였다. 그가 다시 서울로 올라간 것은 1764년(영조 40) 3월이었다. 3월 20일, 고향에서 서울로 출발하여, 3월 28일, 서울에 도착하여 반촌 옛 주인을 찾아보고 성균관에 들어갔다. 그는 5월 17일까지 성균관과 반촌을 왕래하며 원점을 채워 나갔으나, 원점 부족으로 유생 과시에 응시하지 못했다. 그는 5년 만에 서울에 올라와서 성균관에 거재하며 석실서원에 드나들며 과업에 힘썼지만, 원점 50점을 채우는 일이 쉽지만은 않았다.

황윤석이 성균관의 원점을 채우기 어렵게 만든 사건들이 있었는데, 하나는 장의 선임 문제로 도기 참석을 거부한 일이었고, 다른 하나는 현석 박세채의 문묘 종향從享 시비였다. 먼저 장의 선임 문제를 살펴보면, 4월 8일, 대사성 원인손이 성균관 유생이 권점한 박건양을 장의로 허락하지 않자, 장의 선임 회의에 참여하여 권점했던 유생들이 아침 식당에 들어오지 않았다. 황윤석은 그 회의에 참여해서 권점을 한 것은 아니지만 아침 도기에 참석하지 않았다. 왜냐하면 다른 유생들이 다수 참석하지 않은 식당 도기에 참석했다가 유생들에게 욕을 당할까 두려워 했기 때문이다(『이재난고』 1764년 4월 8일). 이 일은 다행히도 하루 만에 끝이 났다.

다음으로 박세채 문묘 종향 시비를 살펴보면, 박세채는 영조 탕평책의 이론적 기초를 제공했던 인물이었다. 이 당시 해주 판관으로 있던 조현명趙顯命의 아들 조재한趙載漢이 해서 지방 유생을 부추기고 서울에 있는 7도道 유생들을 모아 박세채의 문묘 종향을 청하는 상소를 올렸다. 영조는 이에 대해 사체가 중요하여 윤허할 수 없다는 비답을 내렸다(『이재난고』 1764년 4월 24일). 그런데 5월 16일, 갑자기 영조가 특교를 내려 박세채의 문묘 종향을 명하였다. 이 전교를 받든 승지 이득배李得培가 문묘 종향은 사체가 중하니 성균관에서 의논하게 하자고 아뢰었다가 파직을 당하였다. 이날 아침 도기를 위해 식당에 갔던 황윤석은 동재에 16명, 서재에 20명 정도의 유생만이 남아 있음을 확인하였다. 황윤석이 다시 저녁 도기를 위해 식당에 갔을 때에는 이미 서재 유생들이 모두 흩어진 뒤였다. 황윤석도 짐을 싸서 반촌으로 나갔는데, 아침 도기에 동재 9명과 서재 9명만이 참식했던 것을 확인하고 나서 자신을 수치스럽게 여겼다(『이재난고』 1764년 5월 16일). 그는 박세채의 문묘 종향 결정으로 노론계 성균관 유생들이 권당을 했는데 자신은 그러한 움직임에 적극적으로 동참하지 못한 것을 수치스럽게 생각한 것이다. 그는 바로 석실서원으로 가서 한 달 이상 지내면서 경서 공부를 하였다. 그는 칠일제에 응시한 후에 고향으로 돌아갈 계획이었으나, 성균관 권당으로 인해 원점 3점이 모자라서 칠일제에 응시하지 못하였다(『이재난고』 1764년 6월 25일, 7월 12일).

황윤석이 서울에 머무는 동안 성균관의 원점 유생을 대상으로 2번의 시험이 시행되었다. 한 번은 반제泮製였고 또 한 번은 칠일제였다. 반제는 절일제가 아니었다. 이해 4월 1일, 왕세손의 종통이 정해진 것을 축하하기 위해서 정시 문과가 시행되었다. 영조는 이 정시 문과 급제자의 거주지가 서울이므로 지방 유생만을 대상으로 한 후정시를 시행하여 직부를 하사하였다. 지방 유생을 위한 후정시를 시행하였으므로, 성균관 유생에게도 기회를 주기 위해 원점 유생을 대상으로 하는 반제가 4월 26일에 시행되었다(『이재난고』 1764년 4월 1일, 4월 2일, 4월 26일). 황윤석은 원점 부족으로 반제와 절일제에 참석하지 않았으나, 이때의 시험 방식은 「과폐이정윤음」에서 정한 1경經을 고강한 후에 조 이상을 받은 유생들만 제술하는 것이 아니라, 제술한 후에 고강하는 방식을 적용하였다(『이재난고』 1764년 4월 26일, 7월 12일). 따라서 「과폐이정윤음」에서 언급한 원점 유생의 절제 규정이 철저하게 시행되었는지는 의문스럽다.

황윤석은 진사가 된 이후에 원점 유생에게 적용되는 과시에 응시하기 위해서 1759년과 1764년에 성균관에 기거하였으나, 불행히도 뜻을 이루지 못하였다. 그렇다면 진사를 획득한 후 치른 유생 과시 10회는 언제 치른 것일까? 그가 유생 과시를 치른 시기는 1766년 6월 도목정사에서 장릉 참봉에 제수되어 관직에 나간 이후이다. 그가 치른 유생 과시는 그가 장릉 참봉으로 영월에 재직했던 1766년 9월에 1회, 1768년 의영고 봉사에 제수된 이후부터 1771년 사포서 별제에 재직했을 때까지 9회이다. 그는 서울에서 재직할 당시 집중적으로 유생 과시에 응시하였다. 그는 관직에 재직하면서 치른 10번의 유생 과시에서 유일하게 1769년(영조 45) 7월 칠일제에서 입격하여 2분의 점수를 받았는데, 종부시 직장으로 재직할 때였다.

칠일제는 원점 유생을 대상으로 하는 것인데, 관원은 성균관의 원점을 채우지 않고도 응시할 수 있었다. 또한 절일제는 원점 유생을 위한 것이므로 시지試紙에 직함을 적지 못하게 되어 있었다. 황윤석 역시 '진사 황윤석'이라고 적었다. 7월 7일 집경당에서 칠일제가 시행되었고, 다음 날 입격자 발표가 있었다. 칠일제 1등은 유운우, 2등은 황윤석, 3등은 임하철이었다. 영조는 1등에게 직부 전시, 2등과 3등에게 점수 2분을 하사하고, 입격자 3명은 입시하라는 명이 있었다(『이재난고』 1769년 7월 7일, 7월 8일, 7월 9일).

유생 과시에서 직부와 점수를 받은 이들은 원칙적으로 식년 문과에 응시하게 되어 있다. 직부 전시를 받은 사람은 급제 등급을 정하는 전시에만 응시하면 되지만, 직부 회시나 2분의 점수를 받은 사람은 회시에 응시해야 했다. 이미 조세환 사례에서 언급한 것처럼 회시 초장의 경서 시험이 매우 중요하였다. 조세환은 2년 동안 오로지 경서 공부에만 집중하여 문과 급제를 얻었지만, 관직에 있어 업무를 보면서 회시 초장 시험을 치르기는 어려웠다. 앞에서 살핀 조극선도 회시를 포기했고, 사직한 이후 다시 식년 문과를 준비했다. 황윤석 역시 칠일제에서 받은 2분의 점수로 식년 문과 초시는 면제되었으나, 회시 초장을 치러야 했다. 재직 중이었던 그는 1771년 식년 문과 회시 응시를 포기하여 2분의 점수를 살리지는 못하였다. 사실 경서 공부를 하지 않고 제술로만 유생 과시를 치르려는 사람은 직부 전시를 받지 않는 이상 식년 문과에서 급제하기는 어려웠다. 1771년 10월 황윤석은 휴가 일수를 넘겨 사포제 별제에서 파직되어 낙향한 이후로는 유생 과시에 응시하지 않았다.

진사 황윤석의 과거 응시 양상

생원진사시 응시 양상

그의 일기 『이재난고』에 따르면, 그는 24세 때인 1752년부터 48세 때인 1776년까지 25년 동안 생원진사시 3회, 각종 문과 22회, 공도회 2회, 후정시 1회 등 28회의 시험을 치렀다. 그의 과거 응시 이력을 살펴보면 특징적인 면이 있는데 다음과 같다. 첫째, 그는 공도회에서 직부 회시를 하사받고 생원진사시에 입격했다. 둘째, 그는 문과의 경우 식년 문과를 한 번도 치르지 않았다. 그는 탁월한 제술 능력을 가지고 있었기에, 제술을 위주로 하는 시험에만 주력하였다. 앞에서 살펴본 유생 과시도 전강은 한번도 응시하지 않았으며, 제술 시험인 절일제와 황감제에만 응시한 것도 그러한 이유에서이다.

황윤석은 생원진사시 초시를 치르면서 병행하여 공도회에

도 응시하였다. 공도회는 17세기 전란으로 황폐해진 교육 환경을 개선하기 위해 복설된 지방 유생 과시이다. 공도회는 두 단계로 구성되어 있다. 1단계는 응시자의 거주지가 속한 각 도회소에서 시험을 치러서 15-20명씩을 선발한다. 2단계에서는 각 도회소의 1차 시험에서 입격한 유생들을 대상으로 감영에서 최종 시험을 치러 성적이 우수한 사람에게는 생원진사시 직부 회시가 주어졌다.

시험 유형은 고강과 제술로 구분하였다. 고강 시험 과목은 애초에는 『소학』이었으나 17세기 후반에 『대학』·『중용』·『논어』·『맹자』 등의 사서로까지 확대되었다. 제술 시험 과목은 시와 부로, 차상次上 이상의 점수를 받아야 입격할 수 있었다. 각 도에서 조정으로 올리는 직부 회시자는 고강 점수가 20분, 제술 점수가 10분은 넘어야 한다고 규정하였으나, 쉬운 일은 아니었다. 제술의 10분이란 점수는 서울 사학에서 치르는 제술 시험을 근거로 한 것이나, 사학 제술 시험은 10회의 시험 점수를 합산한 것인데, 공도회의 경우 최종 시험을 10회 내외로 시행하기가 쉽지 않았기 때문이다.[89]

직부 회시 인원도 고강과 제술 인원이 구분되어 있다. 처음에는 고강 16명, 제술 8명이었다. 고강의 직부 회시 인원이 제술의 직부 회시 인원의 배가 된 것은 공도회가 고강을 강화하기 위해 복설되었기 때문이다. 그러나 고강의 직부 회시 인원이 많아도 응시자가 적었기 때문에, 1663년(현종 4) 고강의 직부 회시 인원을 반으로 줄여 8명으로 하고, 제술의 직부 회시 인원을 배로 늘려 16명으로 하였다.

황윤석은 1754년(영조 30)과 1756년 2회의 생원진사시와 공도회에 응시하였다. 황윤석의 일기에서는 그가 26세이던 1754년의 증광 생원진사시가 생원진사시 응시의 첫 기록이다. 그는 1754년 2월 시행된 증광 생원진사시를 거주지가 아닌 시험장에 들어가서 문제가 되었다. 그의 거주지인 흥덕은 전라우도에 속한다. 황윤석이 과거에 응시하려면 전라우도 시험장으로 가야 했는데, 이해 증광 생원진사시 때에 그는 아우와 함께 전라좌도 시험장인 남원으로 갔다. 이 시험에서 그의 아우는 2등 7인으로 입격하였는데, 그는 낙방하였다. 그는 의아하게 생각했으나, 들려오는 소문에 원래는 방목에 황윤석의 이름이 있었는데, 빼 버렸다고 하였다. 황윤석은 이미 시험장에서 전라좌도 유생들에게 공격을 받아서 예견했던 일이기도 하였다(『이재난고』 1754년 2월 28일).

그는 그해 6월 14일 남원에서 시행되는 1차 공도회 시험에 참여하여 시로 장원을 하였다. 그는 공도회를 위해서 윤4월에는 만행산 보현사에서 벗들과 과체부科體賦 20수를 공부하였고,

5월에는 영천서원寧川書院에서 동접들과 부 10수를 공부하였다. 공도회 직전인 6월에는 과체시를 공부하기도 하였다(『이재난고』 1754년 윤4월 21일, 5월 18일, 6월 7일, 6월 14일). 그러나 12월에 있었던 2차 공도회 시험에서는 성과를 내지 못하였다.

번호	연도	종류	장소	시관	결과	비고
1	1754	증광 초시	광주	경차관 홍현모	낙방	-
2		공도회(1차)	남원	순천부사 심익성, 오수찰방 이두운	입격	시 1등
		공도회(2차)	전주	미상	낙방	-
3	1755	식년 초시	구례	이유수(李維秀)	낙방	-
4	1756	공도회(1차)	전주	강진현감 이현조, 부안현감 이운해	입격	이중(二中)
		공도회(2차)	담양	도사 한집, 장흥부사 유현장, 강진현감 이현조	입격	초장, 중장, 종장. 장원
5	1759	식년 회시	2소 성균관	좌참찬 정휘량, 이조참판 김상복, 부사과 원인손, 교리 김종정, 부사과 정항령	입격	장례원에서 학례강. 진사

표 11 황윤석의 생원진사시 응시 이력

그는 1755년(영조 31) 전라우도 시험장인 구례에서 시행된 식년 생원진사시에 응시하였다. 그는 문제의 소지가 없도록 홍덕의 예리禮吏가 보낸 과거도목이 도착하자 녹명소에서 녹명하였다. 황윤석과 그의 아우는 모두 이 시험에서 낙방하였다(『이재난고』 1755년 8월 19일). 그래서 1756년 다시 공도회에 응시하였다.

그는 6월 15일 전주에서 시행된 1차 시험에 응시하여 제술에서 이중二中으로 장원을 하였다. 그해 12월 담양에서 시행된 공도회 2차 시험에서도 장원을 하여 직부 회시를 받았다(『이재난고』 1756년 6월 25일, 12월 25일, 12월 26일, 12월 27일).

황윤석의 공도회 응시 기록을 통해서 전라도 공도회의 시행 과정을 파악할 수 있다. 공도회 1차 시험은 각 도회소에서 1회의 시험으로 입격자를 결정하였다. 반면 2차 시험은 초장, 중장, 종장 등 3일 동안 이루어졌다. 이러한 시험 과정은 황윤석의 사례만이 아니라 황윤석보다 앞선 시기에 전라도 함평에 거주했던 유생 이준의 사례에서도 확인되었다. 공도회에서 장원한 황윤석은 공도회 조흘첩을 받았다. 이 조흘첩은 시험 연도, 입격자 이름, 시험 과목, 그리고 입격자가 원하는 생원진사시 회시 시험 종류, 그리고 시관의 서명이 적혀 있다.[90]

황윤석이 공도회에서 직부 회시를 받은 것은 1756년 병자식년 12월이었다. 공도회에서 직부를 받은 사람은 다음 식년을 기다려 생원진사시 회시를 치르게 되어 있어서, 그는 1759년 2월 생원진사시 회시에 응시하였다. 그는 2월 25일 장례원掌禮院에서 녹명하였는데, 그곳에서 학례강을 치르고, 시권에 답인하였다(『이재난고』 1759년 2월 25일). 그는 2월 27일 2소에서 시험을 치르고 초경初更(오후 7시-오후 9시)에 시험장을 나왔다(『이재난고』

1759년 2월 27일).

그가 2소 시험장에 배정된 것은 향시와 한성시를 통해 생원진사시 초시에 입격한 이들과는 다른 원칙에 의한 것이었다. 진라우도 초시 입격자는 2소에 배정되긴 하나, 황윤석은 전라관찰사가 중앙에 올린 공도회 방목榜目에 의거하여 2소에 배정된 것이다. 사학 과시四學課試와 공도회를 통해서 생원진사시 회시에 직부된 이들은 각각의 방목 인원을 반으로 나누어 방목의 윗부분에 해당하는 인원은 1소, 아랫부분에 해당하는 인원은 2소에서 회시를 치르게 하였다. 그는 생원진사시 회시 초장에 응시하여 진사 3등 9위라는 좋은 성적으로 생원진사시에 입격하였다(『이재난고』 1759년 3월 2일).

황윤석의 문과 응시 양상

황윤석은 식년 문과는 전혀 치르지 않고 오로지 비정기 문과만 22회 응시하였다. 황윤석이 문과에 응시하기 시작한 1752년부터 25년 동안 식년 문과 8회, 비정기 문과 59회(증광 문과 4회, 각종 비정기 문과 55회) 등 총 67회가 시행되었다. 황윤석이 응시한 22회의 비정기 문과는 정시 문과 14회, 증광 문과 4회, 알성 문과 2회, 별시 문과 2회였다. 황윤석의 문과 응시 양상에 있어 특징적인 것은 증광 문과 응시이다. 25년 동안 4회의 증광 문과가 시행되었는데, 그는 증광 문과에는 빠짐없이 응시하였다. 증광 문과는 초시로 향시가 시행되므로 지방 유생의 참여도가 매우 높은 시험이다. 앞에서 살펴본 김령도 비정기 문과 중에서 증광 문과 응시율이 높았던 것과 일맥상통한다.

번호	연도	종류	장소	시관	결과	비고
1	1752	정시	2소 성균관	미상	낙방	대비, 대전, 중궁전 존호 올림
2	1754	증광 초시	금산(錦山)	도사 이상윤	낙방	–
3	1756	정시	춘당대	명관: 판부사 이종성	낙방	임금 환후 회복
4	1757	정시	춘당대	명관: 판중추 이정보	낙방	대왕대비 환후 회복
5		정시	춘당대	명관: 홍상한	낙방	왕세자 천연두 회복
6	1759	별시 초시	영광	미상	낙방	–
7		정시	춘당대	명관: 우의정 민백상	낙방	임금 환후 회복과 회갑, 가례, 세손 책봉 등
8	1763	증광 초시	임피	미상	낙방	–
9	1764	정시	근정전 옛터	명관: 영의정 홍봉한	낙방	왕세손의 효장세자 종통 계승 축하
10	1765	알성시	성균관	명관: 우의정 김상복	낙방	
11	1766	별시 초시	2소 성균관	유언술, 유한소 등 4인	낙방	중시 대거
12		정시	춘당대	명관: 김양택	낙방	왕세손 환후 회복
13		정시	춘당대	명관: 남태제	낙방	임금 환후 회복
14		정시	춘당대	명관: 김치인	낙방	–
15	1767	알성시	춘당대	명관: 영중추부사 윤동도	낙방	–

16	1768	정시	춘당대	명관: 김상철	낙방	중궁 책봉 10년 축하
17	1769	정시	숭정전	명관: 김치인	낙방	-
18	1770	정시	근정전 옛터	명관: 판부사 김치인	낙방	-
19	1774	정시	근정전 옛터	명관: 영의정 신회	낙방	임금 환후 회복
20		증광 초시	금구	미상	낙방	-
21	1776	증광 초시	임피	도사 김서구, 능주목사 오현주, 만경현령겸임피 우정규	낙방	-

표 12 황윤석의 문과 응시 이력

황윤석의 정시 문과 응시 점유율은 63.6%에 달하고 있다. 이러한 현상은 황윤석이 유독 정시만을 고집해서 빚어진 것은 아니다. 1752년 이후 25년간 시행된 59회의 비정기 문과 가운데 정시 문과는 점유율이 50.8%에 달하는 30회가 시행되었다. 1755년, 1756년, 1757년에는 해마다 2회의 정시가 시행되었다. 1759년 「과폐이정윤음」이 반포된 이후 정시는 1년에 1회 이상 시행되지 않았으나, 「과폐이정윤음」이 철훼撤毁된 1766년과 1775년에는 한 해에 4회의 정시가 시행되었다. 1771년에도 한 해에 2회의 정시가 시행되었다. 이처럼 영조 후반에 정시 시행이 급격히 증가하였으므로, 황윤석의 정시 문과 응시도 덩달아

늘었다.

1764년 4월 2일에 시행된 후정시는 정식 문과가 아니라, 후정시에서 선발된 이들에게 직부와 점수를 은전으로 내리는 일종의 과시라고 할 수 있다. 이 시험은 정시 문과가 끝난 후에 실시한 것으로, 정시 문과 낙방자에게 한 번의 기회를 더 주고자 한 것이다. 그런데 1684년(숙종 10) 이후 시행된 후정시는 정시 문과 낙방자 전부를 대상으로 한 것이 아니라, 정시 문과에 낙방한 유생 중 지방 거주자만을 대상으로 하였다.[91] 그 이유는 정시 문과 급제자가 전부 서울 거주 유생이었기 때문이었다. 그 이후 후정시 응시 대상은 지방 거주 유생이 되었는데, 1764년에 시행된 후정시 역시 마찬가지였다. 1764년 4월 1일, 정시 문과가 시행되어 당일 급제자가 나오자마자, 영조는 4월 2일, 경희궁에서 후정시를 시행하라고 명하였다(『이재난고』 1764년 4월 1일). 정시 문과의 급제자는 5명이었는데, 거주지가 모두 서울이었기에 영조는 지방 유생이 흩어지기 전에 바로 후정시를 시행하게 한 것이다. 후정시의 입격자는 경기 2명, 전라 1명 등 3명이었다(『이재난고』 1764년 4월 3일).

황윤석은 1764년 후정시에서 낙방했으나 이해 유생 과시를 위해 성균관에 기거했는데, 원점 부족으로 시험에 응시하지도 못하고 고향으로 내려갔다. 다음 해인 1765년(영조 41) 알성시만을 위해서 서울로 올라왔다가 다시 고향으로 돌아갔다. 1766년에는 2월에 서울로 올라왔는데, 별시 문과도 치르고 춘천에 있는 선산에 성묘한 뒤 종회에 참여하기 위해서였다. 그는 별시 문과에서 낙방하고, 춘천에 갔다가 서울로 돌아와서 예정에 없었던 정시 문과에 2번이나 응시한 뒤 4월 14일에 고향으로 출발하였다.

그는 이해 6월 말 장릉 참봉에 제수된 이후, 1769년 종부시 직장, 1771년 사포서 별제 등 경관직을 거치는 동안 6회의 비정기 문과에 응시하였다. 이 시기에 시행된 비정기 문과는 총 10회였는데, 그중 그에게 응시 자격이 없는 비정기시인 중시와 기로정시를 제외하면 그가 응시할 수 있는 시험은 8회였던 셈이다. 황윤석은 관직에 재직하는 동안 시행된 비정기 문과의 75%에 응시하였다. 그는 업무가 바쁜 중에도 끊임없이 문과에 응시하였으나, 청요직으로 나아갈 출세의 사다리에는 오르지 못하였다.

나오는 말: 4인 4색의 문과 응시 여정

이상에서 4인 4색의 문과 응시 실태를 살펴보았다. 김령, 조극선, 조세환, 황윤석은 문지門地나 경제 상황이 각기 달랐다. 김령을 제외한 세 사람의 공통점은 기울어 가는 가세를 일으켜야 했다는 것이다. 여기서의 가세란 문과에 급제하여 자신과 가문을 빛내는 것을 의미한다. 김령은 사정이 좀 달랐다. 그는 선대 대대로 최소한 생원이란 사회적 신분을 유지하고 있었기 때문에 자신도 그 수준 이상의 신분을 유지해야 했다. 그는 이러한 문제의식 속에서 과거 응시의 여정을 시작하였다.

김령은 이황의 문인인 부친과 친족에게서 일찍부터 경학을 접하게 되었고, 15세에 도산서원에 입학한 수재였다. 특히 이황의 영향으로 제술은 학문이 아니라고 여겼기에 지인과 모여 지내면서 제술 공부를 한 적이 없었다. 그의 집안은 사회적으로는 예안의 유력한 사족이었으며, 학문적으로는 이황의 뜻을 실천하여 도산서원을 드나들었고, 경제적으로도 항산의 기반이 굳건하였다. 김령은 과거에 응시하기 시작하여 1612년 증광 문과에 급제하기까지 10년 동안 생원진사시는 7회, 문과는 8회를 응시하였다. 그가 응시한 생원진사시 7회 중 3회는 초시에서 진사시에 입격하였으나, 회시에서 낙방하였다. 문과에서도 별시 문과 초시와 식년 문과 초시에 입격하였으나 결국은 증광 문과에 급제하였다.

그는 서울까지 8-9일의 여정이 필요한 지방에 살고 있어 비정기 문과 응시가 자유롭지 못하였기에 비정기 문과 중에 지방에서 초시가 시행되는 증광 문과에 많이 응시하였다. 그는 문과 응시를 위해 굳이 자주 서울을 드나들지는 않았다. 서울에 사는 처남과 처조카의 재촉으로 비정기 문과를 치르기 위해 한 차례 서울로 올라가서 알성 문과와 별시 문과 초시를 치렀다. 알성시에는 낙방하였으며, 별시는 초시에 입격하여 전시까지 치렀으나 낙방하였다. 김령은 생원진사시 초시와 문과 초시 등에 5번이나 입격하여 회시를 위해 서울에 다녀오기도 하였다.

조극선도 제술과 경학을 겸비한 선비였으나 김령과는 사뭇 달랐다. 조극선은 개국공신이자 정사공신이며 좌명공신인 조온의 후손이다. 그의 6대조 조증이 서울을 떠나 그의 처 영덕 김씨의 세거지인 충청도 홍주 녹운동으로 입향하였고, 그의 증조부 조곤은 처 평산 신씨의 세거지인 덕산으로 옮기게 되었다. 조극선의 부친 조경진도 공신의 후손으로 충의위에 속해서 무산계를 받았다. 그러나 관직 진출은 조극선의 5대조인 조윤상 이후로 조극선에 이르기까지 전혀 없었고, 과거 급제자 역시 전혀 없었다. 조극선의 조부 조홍무는 치산 능력을 발휘하여 경제적 기반을 확고히 하는 한편 자손들의 교육에 관심을 두었다. 그리고 조극선의 부친 조경진은 장남 조극선의 영민함을 보고 과거에 급제하기를 기대하였다. 조경진은 장남 조극선이 시험공부에 열중하지 않을 때는 꾸짖기도 하였는데, 심지어 26세의 아들이 별시 문과에서 낙방하였다고 매를 들기도 하였다. 게다가 24세의 아들의 학업을 독려하기 위해 닷새에 한 번씩 글을 짓게 하였다.

그는 어려서는 부친에게서 배웠으나, 15세가 되던 해부터는 덕산현의 수령으로 부임했던 이명준에게서 시문을 배우기 시작하였다. 그러나 이명준이 수령에서 해임되어 서울로 올라간 이후에는 이렇다 할 스승을 만나지 못했다. 더욱이 이명준이 정치적 문제에 연루되어 유배를 갔기에 그에게는 직접적으로 조언해 줄 스승이 없었는데, 다행히 이명준의 소개로 박지계와 조익에게서 경학과 예학을 배울 수 있었다.

조극선은 17세가 되던 1611년부터 1636년 42세까지 26년 동안 생원진사시 10회와 문과 17회에 응시하였다. 그는 생원진사시 초시에 2번이나 입격했으나 회시에서는 낙방하였다. 그는 29세 때부터 생원진사시에 응시하지 않겠다고 다짐한 이후로는 문과에만 응시하였다. 그후 조극선은 문과 응시에만 주력하여 17회 중에 7회 초시에 입격하였으나, 문과 급제에는 이르지 못하였다.

그가 초시에 입격한 문과는 증광 문과 초시 2회, 별시 문과 초시 3회, 식년 문과 초시 2회 등이다. 7회의 각종 문과 초시에 입격한 시기는 거의 관직 생활을 하고 있을 때에 집중되어 있다. 그는 31세 때인 1625년 유일로서 천거되어 동몽교관에 제수되어 서울에서 관직 생활을 시작하였다. 그러므로 고향에서 문과 초시를 치른 것보다 서울에서 초시를 치른 경우가 많았다. 그는 제술 과목 중에서 논과 부에는 능하여서 좋은 성적으로 초시에 입격했으나, 대책문 작성에는 어려움이 있어 증광 문과나 별시 문과 급제에는 이르지 못하였다.

식년 문과의 경우는 식년 문과 회시 초장이 사서와 오경 중에서 7과목을 배강해야 한다. 그러나 7과목의 배강을 준비하기 위해서는 절대적 시간이 필요하였다. 관직 생활을 하면서 강서 공부를 하기에는 어려움이 있었기에 회시의 문턱을 넘기 어려웠다. 그는 부친의 기대에 부응하기 위해서 관직에 나간 이후에도 10회의 문과에 응시하여야 했다.

조극선처럼 관직에 나아가서도 과거 응시를 계속해야 했던 사람은 진사 황윤석이었다. 황윤석의 집안은 그의 8대조 황수평이 처가의 세거지인 홍덕으로 입향하였다. 그의 6대조 황처중이 관직에 나간 이후로는 과거 급제자나 관직에 나간 사람이 없었다. 황윤석은 조극선만큼이나 부담이 컸다. 황윤석은 10대에 이미 제술 능력이 빛을 발하였는데, 지방 유생 과시인 공도회에서 장원하여 직부 회시를 받아서 31세 때인 1759년 식년 생원진사시 회시에 바로 응시하여 진사 3등 9위로 입격하였다. 공도회에서 직부 회시를 받은 유생이 생원진사시에 입격될 확률은 약 25% 정도에 지나지 않는데, 황윤석은 그 직부 회시의 기회를 살려 진사가 된 것이다.

그는 진사가 된 이후에 성균관과 반촌에 머물면서 원점 50점을 채워 절일제와 같은 유생 과시를 통해서 문과 급제를 이루려 했다. 1759년 진사가 된 후에 그해 7월 말 서울로 와서 성균관과 반촌을 오가며 원점을 챙기고, 스승 김원행을 뵙고 석실서원에서 경학 공부를 하기도 하였다. 그의 첫 번째 성균관 생활은 녹록지 않았다. 그는 병으로 고생하다가 약 3개월간의 서울 생활을 접고 고향으로 돌아갔다. 두 번째 성균관 생활은 1764년 3월 28일에 시작되었다. 그는 유생 과시를 위한 원점을 채우기 위해 노력하였으나, 성균관 유생의 정치 활동으로 성균관에 머물기 어려웠던 경우가 두 번이나 있었다. 지방 유생으로서 한 번도 겪어 보지 못한 상황에 처하면서 마음고생이 심하였다. 그가 심혈을 기울여 준비한 유생 과시 응시는 원점 부족으로 무산되고 빈손으로 고향에 갈 수밖에 없었다.

그는 11회의 유생 과시에 응시하였는데, 1769년 7월 칠일제에서 유일하게 2등으로 입격하여 2분의 점수를 받았다. 이 당시 그는 종부시 봉사로 재직하면서 칠일제에 입격하였다. 2분 점수는 다음 식년에 시행되는 식년 문과에 적용되었는데, 직부 회시와 함께 초시를 면제받을 수가 있었다. 그러나 회시 초장에서의 배강 시험의 산을 넘어야만 했다. 따라서 회시 초장을 통과하기 위해서 경서 공부에 절대적 시간을 할애해야 했다. 제술에만 주력하는 이들은 유생 과시에서 직부 전시의 은사를 받지 않으면 식년 문과의 회시 초장을 통과하기 어려웠다. 실제로 직부 전시를 받을 때까지 과시에 도전하는 경우도 종종 있었다. 황윤석 역시 식년 문과에는 응시하지 않았기 때문에 칠일제로 받은 2분은 그 가치를 발하지 못하였다. 그는 유생 과시를 제외하고는 증광 문과나 정시 문과와 같은 비정기 문과에만 응시하였으나, 끝내 급제하지 못하고 25년간의 과거 응시 여정을 마쳤다.

조세환은 황윤석과 마찬가지로 생원진사시에 입격한 후에 성균관 유생으로서 과시를 통한 문과 급제를 시도했다는 점에서 닮은 점이 있으나, 황윤석과는 다른 길을 갔다. 그는 충청도 홍주 사족으로 본관은 임천이었다. 그의 가문이 홍주에 입향한 것은 1602년이었다. 그의 조부가 가족을 데리고 양모를 뵈러 갔다가 숙환으로 사망하자, 조모 여흥 민씨가 이곳에 정착하게 되었다. 조세환의 선대는 누대에 걸쳐 서울에 거주하였다. 그의 6대조 조원경을 비롯하여 그의 자손들이 문과와 무과에 급제하여 지속적으로 관직에 나간 관료 가문이었다. 그런데 조세환의 증조부로부터 조세환에 이르기까지는 관직 진출이 없었다. 증조부와 생증조부가 일찍 사망하였으며, 그의 조부인 조인현은 윤근수의 문하에 공부하고 박학하여 장래가 촉망받았던 인재였으나 31세에 사망하였기 때문이었다. 조세환의 인척 가문 역시 조선시대 명문거족이었다. 조세환의 외고조부 가문은 인수대비 가문이었으며, 생외고조부는 광해군의 장인과는 사촌 사이였다. 외증조부는 공신이었으며 외조부는 이지함의 증손이었다.

조세환은 18세에 생원진사시에 입격하여 생원이 된 후에 24년이 지난 43세에 문과에 급제하였다. 생원을 획득한 이후에 시험공부를 포기하였다가 조모의 권유로 뒤늦게 다시 시작하였기 때문이다. 그는 1648년에서 1657년까지 10년 동안 3회의 식년 문과, 3회의 정시 문과, 2회의 별시 문과 등 8회의 문과에 응시하였다. 그는 3회의 식년 문과 중 2회의 문과 초시에 입격하였으나, 회시 초장 배강의 벽을 넘지 못하였다.

조세환은 각종 문과와 함께 4회의 유생 과시를 치렀다. 조세환이 유생 과시를 치를 당시 절일제는 원점이 요구되지 않았으나 전강을 위해서는 도기가 필요하였다. 따라서 조세환도 성균관과 반촌을 오가며 원점을 채웠다. 조세환은 1655년 2월 15일 시행되는 전강에 낙점되었다. 그는 『주역』을 강하여 약을 받아 2분을 받았다. 조세환은 1657년 식년 문과 회시가 있을 때까지 2년 동안 경서 배강을 위한 준비에만 몰두하였다. 그 결과 7과목의 경서 가운데 『주역』만 약을 받고 나머지 6과목은 순통과 통을 받아서 14분을 획득함으로써 제술의 생획 없이도 회시에 급제하였다. 그는 식년 문과 전시에서도 책문을 잘 지어서 갑과 3등을 차지하였다.

조세환은 식년 문과 회시 초장에서 계속 낙방하자, 유생 과시를 통해 문과에 급제할 방법을 강구하였다. 그는 생원으로 유생 과시나 문과에 응시하려면 원점이 필요하였기 때문에 서울에 거주하는 것이 중요하다고 여겼다. 그는 1654년에 아예 식구를 데리고 서울로 올라와 청파에 거처를 정하고, 성균관에 드나들며 식당 도기를 채워 갔다. 그는 1655년 전강에 낙점되었을 때 아마도 직부 전시를 꿈꾸었을 것이다. 그러나 그는 2분의 점수를 받았기에 피하고 싶었던 식년 문과 회시 초장을 치를 수

밖에 없었다. 그는 이 기회를 놓치지 않기 위해서 식년 문과를 치르기 전까지 시행된 각종 유생 과시에 응시하지 않아서 시간을 절약하였다. 그는 비정기 문과에 응시한 것에 대해서도 시간을 낭비하였다고 후회하였다. 오로지 식년 문과 회시를 위해서 2년 남짓 경서 공부에만 몰두하였다. 이러한 그의 전략이 적중하여 식년 문과 갑과 3등이라는 좋은 성적으로 문과에 급제할 수 있었다.

주석

1 배재홍, 「조선후기 서얼 과거합격자의 成分과 官歷」, 『조선사연구』 2, 조선사연구회, 1993, 184-197쪽 참조.

2 『국조인물고』(奎11471) 권17, 「재상(卿宰)·홍이상조(洪履祥條)」.

3 원창애, 「儒臣 홍이상의 학업과 관직생활」, 『열상고전연구』 42, 열상고전연구회, 2014, 184-197쪽 참조.

4 그는 16세기 문과 입격자의 평균 연령인 31.7세보다 1.7세가 적은 30세에 문과에 급제하였다.

5 박현순, 「조선시대 과거 수험서」, 『한국문화』 69, 서울대학교 규장각한국학연구원, 2015, 212쪽.

6 박현순, 같은 논문, 213-214쪽.

7 한국학중앙연구원 한국역대인물 종합정보시스템.

8 박현순, 「《계암일록》 해제」, 김령, 『계암일록 1』, 신상목·김용환 옮김, 한국국학진흥원, 2013, 9-10쪽.

9 이황, 『퇴계선생문집』 권46, 「묘갈지명·성균생원김공묘갈명」.

10 김만균은 김유의 종조부인 김간(金澗)의 사위이다(『광산김씨족보』 권1하).

11 이황, 앞의 책, 「묘갈지명·성균생원김공묘지명」.

12 박현순, 앞의 글, 2013, 10-11쪽 참조.

13 김부륜, 『설월당선생문집』 권6 부록, 「행장」.

14 박현순, 「15-16세기 예안현 사족층의 성장과 향촌 사회의 재편」, 『조선시대사학보』 26, 조선시대사학회, 2003, 125-127쪽.

15 한국학중앙연구원, 「9. 명문문기류·다. 화회문기」, 『광산김씨 오천고문서』, 한국학중앙연구원, 1982, 163-168쪽, 178쪽.

16 차미희, 「17세기 예안 사족 김령(金坽)과 과거시험」, 『국학연구』 23, 한국국학진흥원, 2013b, 287-288쪽.

17 김자운, 「16세기 안동 지역 서당의 강학활동과 교육내용: 도산서당의 교육내용과 공부론을 중심으로」, 『민족문화논총』 69, 영남대학교 민족문화연구소, 2018, 16-20쪽.

18 김자운, 「과거 대응 방식을 통해 본 소수서원 교육의 성격 변화」, 『퇴계학논집』 20, 영남퇴계학연구원, 2017, 297쪽.

19 『임인증광문과방목』(국학진흥원 7157).

20 『국조문과방목』(奎106) 권8, 「동년정시방(同年庭試榜) 세주(細註)」, 서울대학교 규장각한국학연구원 소장.

21 설석규, 「선조, 광해군대 남명학파의 공론형성과 문묘종사(文廟從祀) 운동」, 『남명학연구논총』 8, 남명학연구원, 2000, 55-56쪽.

22 야곡 조극선에 관한 글은 필자의 논문, 「조극선(趙克善) 일기를 통해 본 17세기 전반기의 과거 실태」, 『조선시대사학보』 83, 조선시대사학회, 2017, 173-214쪽에서 발췌 정리한 것이다.

23 조극선, 『야곡집』 권11, 「부록·세계(世系)」.

24 성봉현, 「조극선의 생애와 《인재일록》·《야곡일록》의 의의」, 성봉현 외, 『17세기 충청도 선비의 생활기록』, 한국학중앙연구원출판부, 2018, 22-24쪽.

25 조극선, 『야곡집』 권6, 「묘비기(墓碑記)·조고창신공묘갈음기(祖考彰信公墓碣陰記)」.

26 김학수, 「17세기 지식인의 사제관: '숨김과 드러냄'의 기억과 기록」, 성봉현 외, 『17세기 충청도 선비의 생활기록』, 한국학중앙연구원출판부, 2018, 9쪽.

27 허원영, 「17세기 초 호서지역 양반사족 친족집단 내 膳物의 내용과 성격: 趙克善의 《忍齋日錄》을 중심으로」, 『서강인문논총』 51, 서강대학교 인문과학연구소, 2018, 335쪽.

28 김학수, 앞의 논문, 10쪽.

29 『야곡집』의 조극선 연보에서는 그가 고시(古詩)에서 우등을 하였다고 한다. 이 백일장에서 최고 점수는 부(賦)를 지은 사람이 차지하였다.

30 박현순, 앞의 논문, 2015, 210쪽.

31 박현순, 같은 논문, 220쪽.

32 이명준, 『잠와유고』 「연보」.

33 심경호, 「포저 조익의 생애와 사상」, 외암사상연구소, 『조선시대 아산지역의 유학자들』, 지영사, 2007, 246쪽.

34 강문식, 「趙翼의 학문 경향과 《朱書要類》 편찬의 의의」, 『한국문화』 39, 서울대학교 규장각한국학연구원, 2007, 108쪽.

35 조극선, 『인재일록 정서본 2』, 한국학중앙연구원출판부, 2012b, 320쪽.

36 우인수, 「17세기 산림의 진출과 기능」, 『역사교육논집』 5, 역사교육학회, 1983, 145-147쪽.

37 인조가 즉위한 1636년까지 31회의 시험이 시행되었으나, 조극선이 응시할 수 없는 전주와 강화의 별시, 그리고 중시가 있었으므로 여기에서 제외하였다.

38 『경국대전』 권3, 「예전·식년문과」.

39 『속대전』 권3, 「예전·식년문과」.

40 김경용, 「朝鮮朝 科學制度 講書試券 硏究」, 『장서각』 15, 한국학중앙연구원 장서각, 2006, 58쪽.

41 『속대전』 권3, 「예전·제과·별시회강」.

42 한국학중앙연구원 한국역대인물 종합정보시스템.

43 생원 조세환에 관한 글은 필자의 논문, 「지방 거주 생원 조세환의 문과응시 실태: 《趙世煥日記》를 중심으로」, 『사학연구』 139, 한국사학회, 2020, 87-132쪽의 내용을 발췌 정리한 것이다.

44 『林川趙氏文行錄』「家狀·第三男校尉公諱碘撰」, 16b面.

45 『林川趙氏文行錄』「學生公兄弟家狀·從子監司世煥撰」, 20a面.

46 『국조인물고』 권51, 「우율종유친자인(牛栗從游親炙人)·민인백(閔仁伯)」.

47 한국학중앙연구원 한국역대인물 종합정보시스템.

48 『국조인물고』 권65, 「갑인이후입절이화인(甲寅以後立節罹禍人)·조세환(趙世煥)」.

49 『林川趙氏文行錄』「學生公兄弟家狀·從子監司世煥撰」, 21b面, 22a面, 22b面, 23a面.

50 『선원록』「성종대왕자손록·5녀 경숙옹주(敬淑翁主)」

51 鄭東溟 撰, 『林川趙氏文行錄』「傍七代祖贈參判公墓誌銘竝序」.

52 『승정원일기』 131책(탈초본 7책), 효종 5년 6월 15일.

53 『효종실록』 권14, 효종 6년 1월 8일 계사.

54 『승정원일기』 134책(탈초본 7책), 효종 6년 1월 18일.

55 원창애, 「조선시대 문과직부제(文科直赴制) 운영 실태와 그 의미」, 『조선시대사학보』 63, 조선시대사학회, 2012, 105쪽.

56 『태학성전』 권3, 「식례·전강」.

57 『태학지』(奎15217) 4책, 권8, 「전강」.

58 최광만, 「《태학성전》의 학사운영규정 분석」, 『교육사학연구』 24(2), 교육사학회,

2014, 212-214쪽

59 『태학성전』 권3, 「식례·전강」. 이 규정에 의거하면 성균관 유생의 경우는 식당 도기에 이름이 있는 도기생이, 사학의 경우는 거재생이 전강 응시 대상자로 선정되었다.

60 정지연, 「조선후기 유생전강 운영 연구」, 『교육사학연구』 29(2), 교육사학회, 2019, 98쪽, 【표 2】 인조-경종 연간(1623-1724) 유생 전강 시행 현황.

61 최광만, 「조선후기 방외유생 용례 분석」, 『교육사학연구』 26(2), 교육사학회, 2016, 174-176쪽.

62 『태학성전』 권3, 「식례·황감(黃柑)」.

63 『태학성전』 권3, 「식례·상위좌기(相位坐起)」.

64 여기에서 다루는 통계는 생원·진사를 획득하고 관직에 나갔다가 문과에 입격한 원유계자는 배제하고, 조세환처럼 생원·진사라는 전력으로 문과에 입격한 이들만 대상으로 한 결과이다.

65 원창애, 「문과 급제자의 전력 분석」, 허흥식 외, 『조선시대의 과거와 벼슬』, 집문당, 2013, 82-87쪽.

66 원창애, 같은 글, 89쪽, 【표 8】 생원의 문과 급제 소요 연한.

67 이상무, 「17-18세기 식년시 성균관 원점법 운영에 관한 연구」, 『한국교육사학』 36(3), 한국교육사학회, 2014, 117-121쪽.

68 박영미, 「17세기 성균관의 인적 구성과 역할」, 『한국교육사학』 40(3), 한국교육사학회, 2018, 133쪽.

69 차미희, 「《溪巖日錄》을 통해 본 17세기 전반 文科 경상도 鄕試」, 『한국사학보』 53, 고려사학회, 2013a, 302-303쪽

70 최광만, 앞의 논문, 2014, 197쪽.

71 『태학성전』 권3, 「식례·대소과거(大小科擧)」, "一. 三百點生進 許赴館試 半圓點儒生 許赴鄕漢城試 無點則不許 外方儒生親年七十以上 雖無半圓點者 亦許赴鄕漢城試 在喪終制 依法典 除喪畢後五朔內 不卽做點者 勿爲拘碍 雖未准點 許赴館試."

72 『승정원일기』 104책(탈초본 5책), 인조 27년 2월 28일의 기사에 따르면 참시관 중 『조세환일기』의 내용과 다른 사람이 있다. 조세환은 권우(權堣)라 하였으나, 『승정원일기』에는 한진(韓縝)으로 되어 있다.

73 본 표는 한국학중앙연구원의 '한국역대인물 종합정보시스템'에서 17세기 비정기 문과(알성 문과, 정시 문과, 별시 문과)의 방목 정보를 통해 총 90회의 출제 과목을 정리한 것

이다.

74 황윤석, 『난고 평해황씨세계』.

75 한국학중앙연구원 한국역대인물 종합정보시스템.

76 황윤석, 앞의 책.

77 『선원록』 권21, 「태종대왕종친록·1남 경녕군」, 17b면.

78 김승대, 「이재 황윤석의 가계분석」, 『한국사상사학』 66, 한국사상사학회, 2012, 135쪽.

79 김승대, 같은 논문, 137-141쪽.

80 『선원록』 권11, 「정종대왕종친록·서13남 장천도정 이보생」, 54면.

81 황윤석, 『이재유고』 권16, 「증조고취은공행장(曾祖考醉隱公行狀)」.

82 김승대, 앞의 논문, 142-143쪽.

83 김승대, 같은 논문, 145쪽.

84 이헌창, 「18세기 황윤석가의 경제생활」, 강신항 외, 『(이재난고로 보는) 조선 지식인의 생활사』, 한국학중앙연구원출판부, 2007, 345-346쪽.

85 원창애, 앞의 논문, 2014, 118쪽.

86 원창애, 같은 논문, 118쪽, 【표 2】 유생 과시의 직부 전시 인원 분포.

87 최광만, 「영조 대의 성균관 과시 정책」, 『한국교육사학』 37(3), 한국교육사학회, 2015, 85쪽.

88 최광만, 같은 논문, 90-92쪽.

89 원창애, 「일기를 통해 본 18세기 공도회 시행 실태: 경상도, 전라도의 사례를 중심으로」, 『조선시대사학보』 102, 조선시대사학회, 2022, 153-156쪽.

90 원창애, 같은 논문, 170쪽.

91 송만오, 「조선시대 후정시에 대한 몇 가지 검토(1)」, 『국학연구』 27, 한국국학진흥원, 2015, 61-63쪽.

참고문헌

『경국대전』.

『광산김씨족보』.

『광해군일기』.

『국조문과방목』(奎106).

『국조인물고』(奎11471).

『대전회통』.

『명종실록』.

『선원록』.

『선조실록』.

『성종실록』.

『세종실록』.

『속대전』.

『승정원일기』.

『잠와유고』.

『중종실록』.

『태종실록』.

『태학성전』.

『태학지』(奎15217).

『퇴계선생문집』.

『효종실록』.

김령, 『계암일록』.

김부륜, 『설월당선생문집』.

조극선, 『야곡일록』.

______, 『야곡집』.

______, 『인재일록』.

조세환, 『임천조씨문행록』.

______, 『조세환일기』(古4655-77).

황윤석, 『난고 평해황씨세계』.

______, 『이재난고』.

______, 『이재유고』.

강문식, 「趙翼의 학문 경향과 《朱書要類》 편찬의 의의」, 『한국문화』 39, 서울대학교 규장각한국학연구원, 2007.

김경용, 「朝鮮朝 科學制度 講書試券 硏究」, 『장서각』 15, 한국학중앙연구원 장서각, 2006.

김령, 『계암일록 1』, 신상록·김용환 옮김, 한국국학진흥원, 2013.

김승대, 「이재 황윤석의 가계분석」, 『한국사상사학』 66, 한국사상사학회, 2012.

김자운, 「과거 대응 방식을 통해 본 소수서원 교육의 성격 변화」, 『퇴계학논집』 20, 영남퇴계학연구원, 2017.

______, 「16세기 안동 지역 서당의 강학활동과 교육내용: 도산서당의 교육내용과 공부론을 중심으로」, 『민족문화논총』 69, 영남대학교 민족문화연구소, 2018.

김학수, 「17세기 지식인의 사제관: '숨김과 드러냄'의 기억과 기록」, 성봉현 외, 『17세기 충청도 선비의 생활기록』, 한국학중앙연구원출판부,

2018.
박영미, 「17세기 성균관의 인적 구성과 역할」, 『한국교육사학』 40(3), 한국교육사학회, 2018.
박현순, 「15-16세기 예안현 사족층의 성장과 향촌 사회의 재편」, 『조선시대사학보』 26, 조선시대사학회, 2003.
______, 「《계암일록》 해제」, 김령, 『계암일록 1』, 신상록·김용환 옮김, 한국국학진흥원, 2013.
______, 「조선시대 과거 수험서」, 『한국문화』 69, 서울대학교 규장각한국학연구원, 2015.
배재홍, 「조선후기 서얼 과거합격자의 成分과 官歷」, 『조선사연구』 2, 조선사연구회, 1993.
설석규, 「선조, 광해군대 남명학파의 공론형성과 문묘종사(文廟從祀) 운동」, 『남명학연구논총』 8, 남명학연구원, 2000.
성봉현, 「조극선의 생애와 《인재일록》·《야곡일록》의 의의」, 성봉현 외, 『17세기 충청도 선비의 생활기록』, 한국학중앙연구원출판부, 2018.
심경호, 「포저 조익의 생애와 사상」, 외암사상연구소, 『조선시대 아산지역의 유학자들』, 지영사, 2007.
우인수, 「17세기 산림의 진출과 기능」, 『역사교육논집』 5, 역사교육학회, 1983.
원창애, 「문과 급제자의 전력 분석」, 허흥식 외, 『조선시대의 과거와 벼슬』, 집문당, 2003.
______, 「조선시대 문과직부제(文科直赴制) 운영 실태와 그 의미」, 『조선시대사학보』 63, 조선시대사학회, 2012.
______, 「儒臣 홍이상의 학업과 관직생활」, 『열상고전연구』 42, 열상고전연구회, 2014.

______,「조극선(趙克善) 일기를 통해 본 17세기 전반기의 과거 실태」,『조선시대사학보』 83, 조선시대사학회, 2017.
______,「지방 거주 생원 조세환의 문과응시 실태: 《趙世煥日記》를 중심으로」,『사학연구』 139, 한국사학회, 2020.
______,「일기를 통해 본 18세기 공도회 설행 실태: 경상도, 전라도의 사례를 중심으로」,『조선시대사학보』 102, 조선시대사학회, 2022.
이상무,「17-18세기 식년시 성균관 원점법 운영에 관한 연구」,『한국교육사학』 36(3), 한국교육사학회, 2014.
정지연,「조선후기 유생전강 운영 연구」,『교육사학연구』 29(2), 교육사학회, 2019.
조극선,『인재일록 정서본 1』, 한국학중앙연구원출판부, 2012a.
______,『인재일록 정서본 2』, 한국학중앙연구원출판부, 2012b.
______,『야곡일록 정서본 1』, 한국학중앙연구원출판부, 2014.
______,『야곡일록 정서본 2』, 한국학중앙연구원출판부, 2015.
차미희,「《溪巖日錄》을 통해 본 17세기 전반 文科 경상도 鄕試」,『한국사학보』 53, 고려사학회, 2013a.
______,「17세기 예안 사족 김령(金坽)과 과거시험」,『국학연구』 23, 한국국학진흥원, 2013b.
최광만,「《태학성전》의 학사운영규정 분석」,『교육사학연구』 24(2), 교육사학회, 2014.
______,「영조 대의 성균관 과시 정책」,『한국교육사학』 37(3), 한국교육사학회, 2015.
______,「조선후기 방외유생 용례 분석」,『교육사학연구』 26(2), 교육사학회, 2016.
한국학중앙연구원,『광산김씨 오천고문서』, 한국학중앙연구원, 1982.

허원영, 「17세기 초 호서지역 양반사족 친족집단 내 膳物의 내용과 성격: 趙克善의 《忍齋日錄》을 중심으로」, 『서강인문논총』 51, 서강대학교 인문과학연구소, 2018.